LUGARES EXTRAORDINARIOS DE LA TIERRA

ISLAS GALÁPAGOS

Prólogo de
STEVE BACKSHALL

Escrito por
TOM JACKSON

Ilustrado por
CHERVELLE FRYER

Contenidos

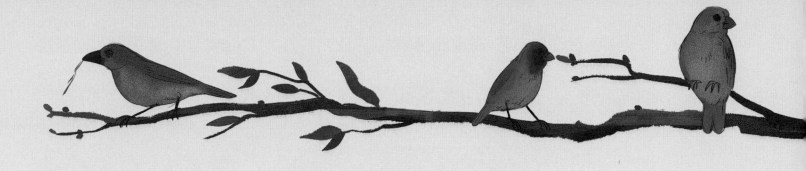

Vida marina

Plantas

Vivir y conservar

Las zonas sombreadas de los mapas de situación indican las islas en las que se encuentran las plantas y los animales.

Darwin
Wolf
Pinta
Isabela
Marchena
Genovesa
Santiago
Santa Cruz
Fernandina
Floreana
San Cristóbal
Española

Prólogo
Steve Backshall

En una roca volcánica, lo que parece un grupo de pequeños dinosaurios toma el sol mientras rompe sobre ellos la espuma de unas olas que han recorrido miles de kilómetros a través del Pacífico. Son iguanas marinas. Algunas lagartijas de lava, mucho más pequeñas, descansan sobre sus cabezas como si estuvieran echadas en unas tumbonas vivientes. A medida que el sol ecuatorial se eleva en el cielo, las iguanas marinas van saliendo poco a poco de su sopor y se dan un paseo por las rocas con sus andares de pato. Se dejan caer por el borde y se hunden en el ruidoso oleaje. Una vez bajo el agua, se transforman y nadan como anguilas hasta las rocas. Se aferran con las garras a las pequeñas imperfecciones de la roca y usan el hocico para roer la capa verde de algas de los escollos. Están tan concentradas en su tarea que dejan que me acerque hasta que puedo tocarlas y levantan brevemente la mirada para verse reflejadas en mi máscara de buceo.

No hay otro lugar de la Tierra en el que se pueda tener esta experiencia, donde haya lagartos que bucean en el mar en busca de alimento. Pero en las Galápagos, ser único no es algo excepcional, sino que es la norma. Las iguanas marinas son solo una de las más de 2000 especies que no podemos encontrar en ningún otro sitio.

Aquí he vivido muchas de las mejores experiencias con la vida salvaje de mi carrera, en estos montes submarinos batidos por el viento y las olas en el límite exterior del Anillo de Fuego. Bajo el agua, he bailado con lobos marinos que hacían piruetas a mi alrededor en un ballet ingrávido que te deja (literalmente) sin aliento. He tenido la suerte de acostarme en el fondo del mar, nariz con nariz, con un pez murciélago de labios rojos. ¿El pez más raro de nuestros mares? Posiblemente.

Se ha escrito mucho sobre Darwin y su historia de amor con estas islas, y sobre cómo eso lo condujo a desarrollar la mayor y más importante idea de la biología. Demasiado a menudo, quienes escriben sobre las Galápagos lo hacen como si la importancia de estas islas fuera histórica, como si olvidaran que son importantes AHORA. Todavía se descubren nuevas especies: una expedición reciente regresó nada menos que con treinta nuevas especies, entre ellas nuevos corales y otros invertebrados.

Iguanas marinas mirando al cielo para refrescarse en la orilla de la isla Fernandina.

La evolución aún sigue aquí, y los biólogos rastrean en tiempo real los cambios de los pinzones que tanto apreciaba Darwin. Más o menos cuando yo nací, se descubrieron fumarolas negras, o fuentes hidrotermales, junto a la costa de las Galápagos. No era una nueva especie, sino un ecosistema completamente nuevo para la ciencia. Casi una década después, los científicos comenzaron a ver la importancia de este nuevo entorno.

Pero si bien he tenido la suerte de tener mis mejores experiencias con la vida salvaje aquí, también aquí he tenido mis experiencias más melancólicas con la naturaleza. El mío fue uno de los últimos equipos de filmación en grabar a Solitario George, la última tortuga de isla de Pinta. Cuando conocí a George, tenía al menos 100 años, y era viejo y arrugado. El resto de estas tortugas habían sido cazadas por los pescadores. Ahora ha desaparecido, y con él toda una especie. He podido bucear en los montes submarinos volcánicos, los mejores sitios del mundo para ver agregaciones marinas. En teoría, son zonas vedadas a la pesca, pero vimos pesqueros esperando a que nos fuéramos para entrar y saquear los tesoros de este gran parque nacional. Una flota pesquera industrial extranjera de cientos de barcos ronda por los límites del parque, capturando decenas de miles de toneladas de vida marina y ejerciendo una gran presión sobre este tesoro natural.

Las Galápagos se enfrentan a grandes desafíos. Pese a ello, solo aquí se puede pasear por una playa y ver a una loba marina dando a luz a un cachorro, nadar en un banco de peces diminutos atravesado por pingüinos, observar a los rabijuncos en la espuma de las rompientes, con sus largas plumas caudales blancas ondeando como cometas tras ellos... En ningún otro lugar de la Tierra se pueden hacer estas cosas.

Estas islas son hoy tan valiosas como lo han sido siempre.

Steve Backshall

Explorador y presentador de programas de naturaleza, ganador de un premio BAFTA

La tortuga de San Cristóbal es la única especie de tortuga gigante que vive en el volcán Alcedo.

Introducción

¡Bienvenidos a las Galápagos! Estas islas de arena y lava del océano Pacífico están llenas de historias asombrosas.

Historias que hablan de fuertes explosiones volcánicas y misteriosas fumarolas submarinas, y también de valientes exploradores que se adentraron en el mar para buscar estas tierras remotas, las cuales se convirtieron luego en refugio de piratas e incluso en prisión. Hoy en día, los visitantes vienen a maravillarse con la increíble fauna de las Galápagos y en especial con sus emblemáticas tortugas gigantes. Los primeros marineros españoles admiraron ya los grandes caparazones de algunas de estas tortugas. Así es como las islas obtuvieron su nombre: «galápago» es una antigua palabra que significaba, precisamente, «tortuga». Su visitante más famoso fue sin duda Charles Darwin, cuyas observaciones le permitieron hacer un descubrimiento científico que cambió el mundo de la biología.

Las estrellas del lugar

Las Galápagos, aisladas del resto del mundo, poseen una especial comunidad de vida salvaje. Estas son algunas de las especies más espectaculares.

Piquero camanay

Esta ave marina, famosa por sus grandes patas azules, suele bailar a la orilla del mar.

Tierras nuevas

Una característica especial de las islas Galápagos es su origen: aparecieron de la nada. Durante millones de años, los volcanes submarinos vertieron fuego y lava al fondo del mar. Esto creó capas de roca que crecieron y crecieron hasta que salieron a la superficie del océano, formando islas. Estas nuevas tierras estaban completamente desnudas, pero listas para que la vida se estableciera en ellas.

Maravillas naturales

Poco a poco, la vida llegó a estas islas vacías desde el otro lado del océano. Las islas, aisladas del resto del mundo durante muchos millones de años, no tenían los altos árboles, los grandes mamíferos cazadores y otras especies comunes en el continente sudamericano. Como resultado, las Galápagos desarrollaron un conjunto único de vida salvaje que hacía las cosas de manera diferente.

Iguana marina

Se trata de un lagarto con una gran diferencia: se alimenta de algas en las rocas submarinas cercanas a la costa. ¡Ningún otro lagarto vive de esa manera!

Tortugas gigantes

Inmensos y lentos, estos grandes animales han prosperado en todas las islas Galápagos.

Cactus de lava

¡No tocar! Esta planta llena de púas crece lentamente en los campos de roca seca hechos de lava enfriada.

Túpac Yupanqui

Según la leyenda, este emperador inca dirigió la primera expedición a las Galápagos en 1480.

Tiburón martillo

Todos los años, muchas especies de tiburones, como este tiburón martillo, vienen a miles hasta las aguas que rodean las islas.

Cormorán mancón

Este buceador grande y oscuro, hecho para nadar y no para volar, se da únicamente en las islas Galápagos.

Lechosos

Los árboles más grandes de las islas están más emparentados con las margaritas que con los robles o los pinos.

Charles Darwin

La visita de este naturalista inglés a las islas Galápagos en 1835 las hizo mundialmente famosas.

Cuna de la ciencia

Charles Darwin explicó de qué forma los animales y las plantas que llegaron a las Galápagos pudieron cambiar para adaptarse a las nuevas condiciones. La teoría de la evolución de Darwin transformó la ciencia y cambió la forma en que los seres humanos se veían a sí mismos y a la naturaleza. Hoy en día, estas islas siguen siendo un importante centro de investigación científica.

Protección necesaria

Los seres humanos llevan 200 años viviendo en las islas Galápagos, y en ese tiempo gran parte de su asombrosa naturaleza ha resultado dañada. Los colonos han destruido hábitats naturales para crear granjas y han introducido muchos animales y plantas que ahora se están adueñando de la isla o matando la vida salvaje original. Las Galápagos necesitan nuestra ayuda para evitar más daño.

Darwin

Estas dos islas son restos de volcanes extintos hace mucho tiempo: la última erupción fue hace más de 400 000 años. Darwin y Wolf están a más de 306 km de distancia de las islas centrales. La isla de Wolf está a 125 km de Roca Redonda.

Wolf

Roca Redonda

Pinta

Marchena

Santiago

Esta isla, también llamada San Salvador, era antes solo un gran volcán. Gran parte está cubierta por lava que fluyó del volcán hace unos siglos. En 1835, los exploradores del *Beagle* descubrieron, incrustados en la lava, frascos de mermelada que databan de 1684. Los habían dejado allí los piratas.

Bartolomé

Baltra

Rábida

Fernandina

Fernandina, la isla más joven del archipiélago, tiene un volcán muy activo con la cima más alta de las Galápagos. Se llama así por Fernando II de Aragón, el rey español que patrocinó el primer viaje de Colón a América. Fernandina es el hogar de muchas iguanas marinas, pingüinos de las Galápagos y cormoranes mancones.

Pinzón

Santa Cruz

Esta isla en el centro del archipiélago es donde viven la mayoría de las personas en las Galápagos, especialmente en el pueblo de Puerto Ayora. Justo al norte de Santa Cruz se encuentra la pequeña isla de Baltra, donde se haya el aeropuerto principal de las islas. El volcán central de Santa Cruz tiene al menos un millón de años, quizá más, y no ha entrado en erupción de manera significativa desde hace más de 700 000 años.

Tortuga

Isabela

Isabela, la isla de mayor extensión del archipiélago, tiene más de la mitad de toda la superficie de las Galápagos. Es cuatro veces mayor que la segunda isla más grande, Santa Cruz, y lleva el nombre de la reina Isabel I de Castilla, que gobernó España junto a su marido Fernando II. Hay seis volcanes en Isabela (cinco de los cuales están activos actualmente) y es el lugar del mundo donde hay más tortugas gigantes salvajes.

Floreana

Floreana fue la primera isla habitada por seres humanos en las Galápagos. Hoy en día, la mayoría de las personas que viven aquí son agricultores. También se lleva a cabo mucho trabajo de conservación en la isla.

Sobre las Galápagos

Galápagos

Isla Genovesa

Esta isla, conocida como la «Isla de los Pájaros» por la multitud de aves marinas que viven en ella, es mucho más joven que sus vecinas. Hace unos 6000 años hubo grandes erupciones que crearon un lago de agua salada en su centro.

Las Galápagos son un archipiélago, o cadena de islas, que ocupa 45 000 km² de océano. Solo el 18 por ciento es tierra, lo que representa aproximadamente el tamaño de un país como Grecia.

Hay un total de 128 islas en el archipiélago de las Galápagos. Y alrededor de 110 de ellas no son más que islotes, islas muy pequeñas sin vegetación. Las islas principales constituyen la mayor parte de la tierra firme, y regularmente se crea nueva tierra con cada erupción de los numerosos volcanes de las islas.

San Cristóbal

Esta isla, bautizada en honor del santo patrón de los marineros, se formó a partir de los restos de tres o cuatro volcanes extintos hace mucho tiempo. Cuando Darwin llegó, San Cristóbal se usaba como colonia penal, un lugar remoto para enviar prisioneros.

Santa Fe

Esta pequeña isla era un volcán. Su cráter está ahora bajo el mar. Se formó por un levantamiento de roca del lecho marino, lo que la hace bastante plana, a diferencia de las otras islas.

Española

Con unos cuatro millones de años, Española es probablemente la isla más antigua del archipiélago. Es famosa por su colonia de albatros.

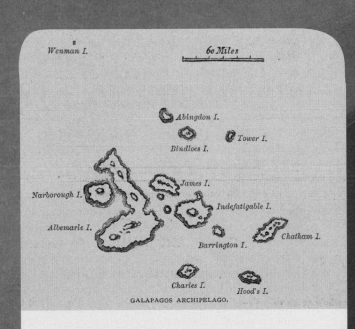

Mapa de Darwin

Charles Darwin bosquejó un mapa de las Galápagos durante su exploración de las islas en 1835. Más tarde incluyó el boceto (arriba) en su libro sobre ese viaje. Darwin usó nombres en inglés para las islas. Santa Cruz era entonces conocida como Indefatigable (Infatigable) y San Cristóbal como Chatham, en honor a esta ciudad portuaria inglesa, que entonces era una importante base naval. En ese momento, la pequeña isla que ahora lleva el nombre de Darwin se llamaba Culpepper (no se muestra arriba). Darwin y otros miembros de la tripulación del *Beagle* visitaron la mayoría de las islas y uno de sus cometidos era actualizar las cartas navales de la región.

Punto caliente en acción

Las islas Galápagos aún se están creando. Están formadas por un sistema volcánico llamado punto caliente: una columna de magma (roca fundida) en las profundidades de las islas. El punto caliente alimenta los numerosos volcanes de las islas, agregando nueva tierra con cada erupción de lava.

Durante millones de años, el lecho marino y las islas de la superficie se han ido moviendo, desplazándose muy lentamente hacia los lados. El punto caliente, sin embargo, se ha quedado donde está, de modo que, a medida que las islas más antiguas se apartan, la lava de los nuevos volcanes sobre el punto caliente forma más islas en su lugar. Esto crea gradualmente la cadena de islas que llamamos Galápagos.

Al magma que sale del volcán se le llama lava. Cuando la lava se enfría y se endurece, puede crear nuevos terrenos.

Con el tiempo, las plantas y la vida silvestre se apoderan de una isla volcánica.

Movimiento tectónico

El lecho marino y las islas Galápagos se encuentran en una parte de la corteza terrestre llamada placa tectónica. Esta placa se ha estado moviendo hacia el sureste, hacia Sudamérica, a unos 5 cm por año, que es aproximadamente el mismo ritmo de crecimiento de nuestras uñas. El movimiento de la placa aleja a las islas más antiguas del punto caliente, que se encuentra muy por debajo de la corteza, en el manto.

Isla

La roca líquida caliente se llama magma cuando aún está bajo tierra.

Movimiento tectónico

Punto caliente

Corteza

Punto caliente

La lava del punto caliente de las Galápagos ha estado construyendo las islas desde hace 4,5 millones de años. Además de las islas que vemos hoy, el punto caliente creó antiguos volcanes, que ahora son montes submarinos. El lecho marino en torno a las islas ocupa una plataforma volcánica que tiene 3 km de profundidad. Esta fue creada por lava que se extendió gradualmente por el fondo marino hace unos 20 millones de años.

Manto

Placa de Nazca

Las islas Galápagos descansan sobre un área de la corteza terrestre llamada placa de Nazca. Hay una dorsal oceánica en medio del océano que separa esta placa de las placas al norte y al oeste. La lava empuja hacia arriba a lo largo de la dorsal y forma nuevo fondo marino. Este proceso empuja la placa de Nazca hacia Sudamérica. En su borde oriental, la placa de Nazca se hunde bajo el continente de América del Sur, donde sus rocas se funden en el manto.

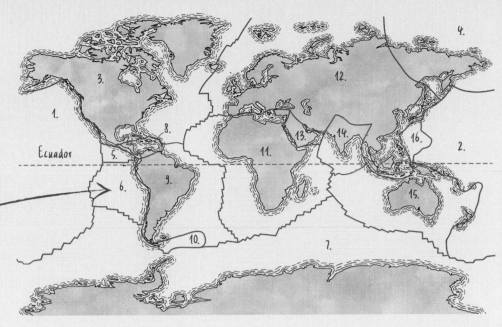

Placa de Nazca

1. y 2. Placa del Pacífico   3. y 4. Placa de Norteamérica   5. Placa de Cocos   6. Placa de Nazca   7. Placa Antártica
8. Placa del Caribe   9. Placa de Sudamérica   10. Placa de Scotia   11. Placa africana   12. Placa euroasiática
13. Placa árabe   14. Placa índica   15. Placa indoaustraliana   16. Placa filipina

La corteza terrestre no es una sola capa de roca, sino que se divide en muchas secciones llamadas placas.

Cadena de islas

A medida que una isla se aleja del punto caliente, sus volcanes se vuelven menos activos y finalmente se les corta el suministro de magma. Sin nuevas erupciones de lava, las islas no pueden crecer más, por lo que comienzan a encogerse a medida que la lluvia, el viento y las olas desgastan sus altas montañas volcánicas.

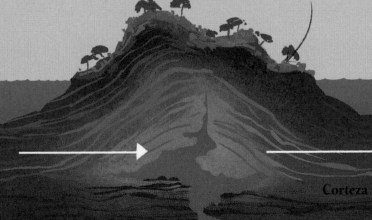

Las islas más antiguas finalmente desaparecerán bajo el mar.

La isla más antigua de las Galápagos está en el extremo este de la cadena.

Corteza

Manto

La posición del punto caliente está debajo de la corteza terrestre en una capa más profunda llamada manto. El manto está hecho de materiales rocosos calientes y no es tan sólido como la corteza. El punto caliente de las Galápagos es una columna de magma líquido que ha brotado de una parte más caliente del manto, aún más profunda.

Los volcanes
de las Galápagos

La lava entra en erupción en la isla Isabela.

Las Galápagos son de origen volcánico. La evidencia de erupciones se ve en los numerosos volcanes de las islas. Hay 21 volcanes diferentes sobre el nivel del mar. Algunos tienen altas cumbres que dominan las islas; otros están extintos y solo las cumbres de sus cráteres prehistóricos asoman por encima del mar formando islotes.

Los volcanes pueden estar activos, inactivos o extintos. Seis de los volcanes de las islas Galápagos están activos y han tenido erupciones regulares en los últimos años. Otros están inactivos: hace mucho tiempo que no entran en erupción, pero pueden hacerlo en el futuro. El resto están extintos y nunca volverán a entrar en erupción, ya que se han alejado demasiado del punto caliente de las Galápagos y de su suministro de magma. Los volcanes más activos tienden a ser los más jóvenes y grandes, y los menos activos, los más pequeños y antiguos. El volcán más grande del archipiélago es el Wolf. También hay varios extintos en San Cristóbal y Española, que son las islas más antiguas y bajas de las Galápagos. Aquí se ven los volcanes en orden cronológico de erupción.

Santa Cruz
Isla: Santa Cruz
Altitud: 864 m
Cráter: No tiene
Última erupción: Antes de que hubiera registros
Tipo de volcán: En escudo

Floreana
Isla: Floreana
Altitud: 640 m
Cráter: 5 km de diámetro
Última erupción: Antes de que hubiera registros
Tipo de volcán: En escudo

Ecuador
Isla: Isabela
Altitud: 790 m
Cráter: Varios cráteres pequeños
Última erupción: Después de 1150
Tipo de volcán: En escudo

Darwin
Isla: Isabela
Altitud: 1330 m
Cráter: 5 km de diámetro
Última erupción: 1813
Tipo de volcán: En escudo

Santiago
Isla: Santiago
Altitud: 920 m
Cráter: Varios cráteres pequeños
Última erupción: 1906
Tipo de volcán: En escudo

Pinta
Isla: Pinta
Altitud: 780 m
Cráter: No tiene
Última erupción: 1928
Tipo de volcán: En escudo

Volcanes en escudo

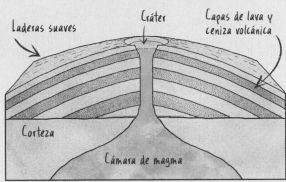

Laderas suaves

Cráter

Capas de lava y ceniza volcánica

Corteza

Cámara de magma

Isla Wolf

Islas Darwin y Wolf

Las dos islas más aisladas de las Galápagos llevan el nombre de los dos exploradores más importantes: Charles Darwin y Theodor Wolf. Estas islas son peñascos que emergen del océano, restos de volcanes extintos que se elevan desde el fondo del mar. La costa de la isla Darwin es demasiado abrupta para desembarcar allí. Los primeros seres humanos que la pisaron llegaron en helicóptero en 1964.

Los volcanes de las islas Galápagos son volcanes en escudo. Desde el nivel del mar, parecen cuencos boca abajo. Sin embargo, desde arriba parecen escudos de guerreros medievales, de ahí su nombre. Los volcanes en escudo se forman por la lava que fluye rápidamente y se esparce sobre un área amplia durante una erupción, para después enfriarse en una capa de roca sólida. Estas capas se alternan con capas de cenizas volcánicas y rocas arrojadas desde el cráter durante las erupciones violentas, y así los volcanes crecen hasta convertirse en enormes promontorios de suaves laderas.

Isla Darwin

Marchena
Isla: Marchena
Altitud: 343 m
Cráter: 7 km de diámetro
Última erupción: 1991
Tipo de volcán: En escudo

Alcedo
Isla: Isabela
Altitud: 1130 m
Cráter: 8 km de diámetro
Última erupción: 1993
Tipo de volcán: En escudo

Cerro Azul
Isla: Isabela
Altitud: 1640 m
Cráter: 5 km de diámetro
Última erupción: 2008
Tipo de volcán: En escudo

Sierra Negra
Isla: Isabela
Altitud: 1124 m
Cráter: 9 km de diámetro
Última erupción: 2018
Tipo de volcán: En escudo

La Cumbre
Isla: Fernandina
Altitud: 1476 m
Cráter: 6 km de diámetro
Última erupción: 2020
Tipo de volcán: En escudo

Wolf
Isla: Isabela
Altitud: 1707 m
Cráter: 7 km de diámetro
Última erupción: 2022
Tipo de volcán: En escudo

Lava aa

Esta lava es bastante pegajosa y forma grumos a medida que fluye. Una vez que se enfría, cubre la tierra con trozos puntiagudos de roca negra.

Hornito

Esta estructura cónica se forma cuando la lava bajo la superficie estalla a través de una abertura y forma un montículo. El gas sale por un orificio de ventilación en la parte superior del montículo.

Lava
y cráteres

Toda la tierra que forma las islas Galápagos se creó cuando la lava al rojo vivo y las cenizas abrasadoras brotaron de los volcanes.

Incluso hoy en día, se puede ver la formación de nuevas tierras alrededor de los numerosos volcanes activos en las islas occidentales más jóvenes. Por su parte, las islas más antiguas y tranquilas, en el este del archipiélago, tienen aún muchos signos de sus comienzos violentos y ardientes.

Lava pahoehoe

También llamada lava encordada, la lava pahoehoe es líquida y suave cuando está al rojo vivo. La superficie superior a menudo se enfría en una corteza de roca ondulada, con lava caliente que fluye debajo.

Fumarola

Son aberturas o respiraderos de los volcanes que dejan escapar vapor y otros gases, a menudo malolientes, de las profundidades subterráneas.

Tubo de lava

Un tubo de lava es una cueva larga que alguna vez estuvo llena de lava caliente que fluía por debajo de una costra de lava enfriada. Al dejar de fluir la lava, quedó un túnel natural.

Dedos de lava

Se forman cuando la lava pahoehoe caliente se aleja burbujeando del flujo principal.

Cráter de subsidencia

Este tipo de cráter se forma cuando se derrumba el techo de un gran tubo de lava o de una cámara subterránea.

Caldera

Una caldera es un gran cráter que aparece cuando la cumbre de un antiguo volcán comienza a desmoronarse en la cámara de magma vacía de las profundidades del subsuelo.

Cono de toba

Un cono de toba es un montón de ceniza formado por una mezcla explosiva de magma y agua.

Cono de salpicadura

Goterones de lava espesa y pegajosa salpican desde un cráter y crean estos pequeños conos de roca.

Dique volcánico

Es una capa vertical de roca de lava que se ha abierto paso a través de capas de roca más antiguas.

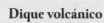

Cono de escoria

Este tipo común de volcán está formado por fragmentos de lava llamados escoria. Los conos de escoria suelen encontrarse junto a volcanes mucho más grandes.

Tapón volcánico

Un tapón volcánico es una torre de roca dura que antes llenaba la chimenea de un volcán. Es lo que queda después de que las rocas más blandas se hayan desgastado.

Pumita

Esta roca blanda y ligera se forma cuando la lava entra en erupción en el agua. Se enfría tan deprisa que muchas pequeñas burbujas de gas quedan atrapadas en su interior.

Los océanos
que las rodean

Islas
Galápagos

Corriente
subsuperficial
de Cromwell

Calor y frío

Por los océanos del mundo discurren
numerosas corrientes. En general,
las corrientes frías fluyen hacia el
ecuador y las corrientes cálidas
fluyen en dirección contraria.

▬ Corriente oceánica cálida

▬ Corriente oceánica fría

Las islas Galápagos se encuentran en un punto del
océano Pacífico en que se cruzan tres corrientes
oceánicas y donde se produce la surgencia de aguas
profundas más ricas en nutrientes. Esto crea condiciones
favorables para la rica vida salvaje por las que estas islas
son famosas en todo el mundo.

La surgencia a lo largo de América del Sur aporta nutrientes a la fría
corriente de Humboldt, que viene desde la Antártida y lleva estas
ricas aguas hacia el norte. La surgencia a lo largo del ecuador
alimenta la fría contracorriente de Cromwell, trayendo aún más
nutrientes a las islas. Los vientos que impulsan la cálida corriente de
Panamá desde el noreste alejan el agua de las costas de las islas y,
por lo tanto, permiten que se produzcan más surgencias.

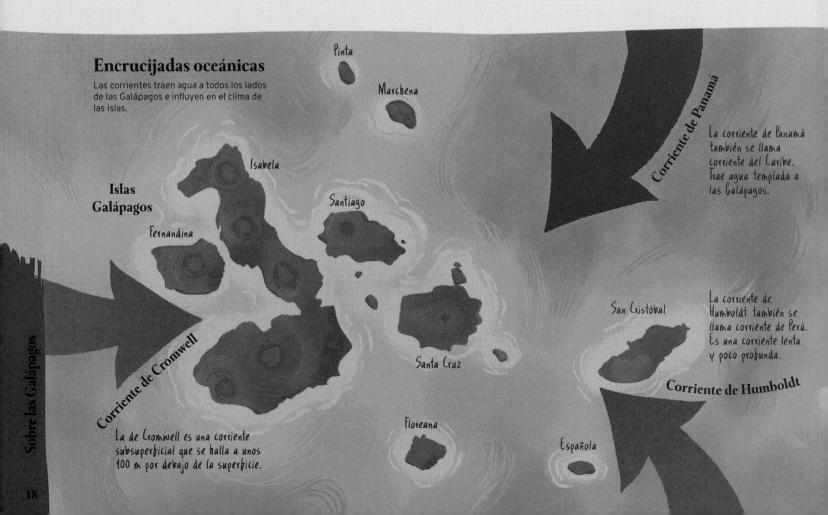

Encrucijadas oceánicas

Las corrientes traen agua a todos los lados
de las Galápagos e influyen en el clima de
las islas.

Pinta

Marchena

Corriente de Panamá

La corriente de Panamá
también se llama
corriente del Caribe.
Trae agua templada a
las Galápagos.

Isabela

Islas
Galápagos

Santiago

Fernandina

San Cristóbal

La corriente de
Humboldt también se
llama corriente de Perú.
Es una corriente lenta
y poco profunda.

Santa Cruz

Corriente de Cromwell

Corriente de Humboldt

La de Cromwell es una corriente
subsuperficial que se halla a unos
100 m por debajo de la superficie.

Floreana

Española

La erosión natural hizo caer el arco de Darwin.

Arco de Darwin

Al norte de las islas principales de las Galápagos, las corrientes oceánicas y el viento esculpieron este arco de roca, que se encontraba a 43 m sobre el nivel del mar. La llamativa estructura, conocida como arco de Darwin, se derrumbó en 2021. Las aves marinas continúan anidando en las dos torres de roca que antes sostenían el arco.

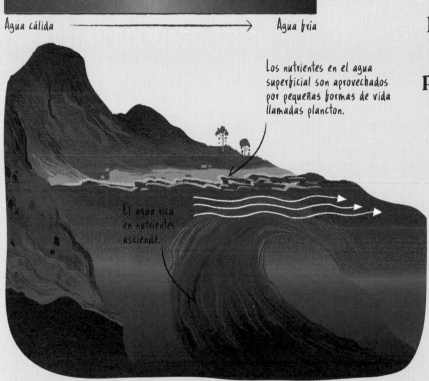

Agua cálida ⟶ Agua fría

Los nutrientes en el agua superficial son aprovechados por pequeñas formas de vida llamadas plancton.

El agua rica en nutrientes asciende.

Las islas Galápagos son alimentadas por unas aguas ricas en nutrientes.

Surgencia

El viento generalmente sopla de este a oeste a través de las islas Galápagos y el océano que las rodea, alejando el agua caliente de la superficie. El agua fría de las profundidades surge y ocupa su lugar, trayendo consigo nutrientes de las profundidades del océano.

Ecuador

El agua fría y rica en nutrientes atrae una gran riqueza de vida oceánica.

Agua fría

El océano en el ecuador suele ser cálido, pero Galápagos tiene una zona de agua fría que se extiende en una gran área en torno a las islas. El agua fría contiene más nutrientes, por lo que este punto frío es un refugio para la vida salvaje.

Llega la vida

Las Galápagos se formaron en pleno océano. Fueron colonizadas por animales que más adelante ocuparon las islas más recientes.

Este proceso se llevó a cabo por etapas. Algunas especies encontraron las Galápagos demasiado inhóspitas y desaparecieron, mientras que otras lograron sobrevivir y prosperar. En primer lugar llegaron esporas de algas y líquenes que germinaron en las rocas. Luego, a medida que el suelo se acumulaba a partir de sedimentos rocosos y materia orgánica, las islas pudieron sustentar las primeras plantas, como musgos y hierbas. Esto permitió que las tortugas herbívoras, las aves y los depredadores, como las serpientes, sobrevivieran. Millones de años después, todo ello se ha convertido en la vida salvaje que hace que las islas sean tan especiales.

Tortuga

Iguana

Rata

Serpiente

Balsas de salvamento

Los árboles que caen a los ríos y son arrastrados al mar pueden flotar en el océano durante semanas. Son llevados por las corrientes hasta costas lejanas. Sirven de balsa de salvamento para animales terrestres, y es probable que lagartos, tortugas y serpientes viajaran así desde el continente hasta las Galápagos. Las tortugas también pudieron llegar nadando. Los peces pequeños que normalmente permanecen cerca de la costa llegaron a las islas siguiendo los troncos mar adentro.

Ballena

Lobos marinos

Vientos

Los pequeños pájaros cantores de Galápagos, como los pinzones, no son lo suficientemente fuertes como para volar largas distancias a través del océano. Probablemente, hicieron el viaje arrastrados por vientos de tormenta. Los murciélagos y las criaturas más pequeñas, como insectos y arañas, también pudieron haber llegado a las islas por esta ruta. Los vientos, que en su mayoría soplan hacia el oeste desde América del Sur, también trajeron semillas de plantas y esporas de hongos, helechos, musgos y líquenes.

Murciélago

Ave

Liquen

Semillas

Ganadores

La vida vegetal de Galápagos está dominada por especies como el diente de león, las hierbas y los helechos, que producen semillas o esporas diminutas y livianas que el viento propaga fácilmente. Las plantas que dependen de los animales o del agua para esparcir sus semillas son menos comunes.

Corrientes

La fauna marina seguramente llegó a las islas Galápagos siguiendo las muchas corrientes que conducen hasta ellas o al ser arrastrada por casualidad durante tormentas. Esta cadena de islas tiene todo lo necesario para los animales marinos, y muchos visitantes, como lobos peleteros y pingüinos, se quedaron para siempre. Las islas se han convertido en importantes criaderos de tortugas marinas y aves marinas, mientras que las ballenas, los delfines y los tiburones acuden con frecuencia para alimentarse en las fértiles aguas que rodean el archipiélago.

Pingüino

Perdedores

Los grandes mamíferos y las ranas son los dos grupos de animales que nunca llegaron a las islas Galápagos por medios naturales. Las balsas de troncos no pueden transportar grandes mamíferos, como jaguares u osos. Solo animales pequeños, como ratas y murciélagos. El agua salada mata a las ranas y otros anfibios, los cuales no sobrevivirían a un cruce del océano.

El clima
y las estaciones

Las islas Galápagos son cálidas y soleadas todo el año. En lugar de las cuatro estaciones que hay en las partes más frías del mundo, estas islas tienen solo dos estaciones: húmeda y seca.

La primera mitad del año es la estación húmeda. Es el período más cálido, con temperaturas que alcanzan los 28 °C. La temperatura del mar también aumenta y sus aguas se evaporan y forman espesas nubes que crean tormentas sobre las islas. La capa de nubes también ayuda a atrapar el aire caliente más abajo. La segunda mitad del año es la estación seca. Aunque no es completamente seca, ya que suele caer una llovizna fresca y fina provocada por la nutritiva corriente de Humboldt, que crea precipitaciones en las zonas húmedas más altas. La temperatura del aire y del mar baja, y algunos días solo se alcanzan los 21 °C. Los vientos que soplan desde América del Sur se vuelven más fuertes, pero el aire más frío tiene menos nubes y, por lo tanto, el clima se mantiene seco. Los cielos despejados permiten que el calor escape en cuanto se pone el sol.

La isla de Floreana durante la estación húmeda.

Las estaciones

En las Galápagos las dos estaciones son muy diferentes. La estación húmeda tiene aguas cálidas y vientos suaves, mientras que la estación seca tiene aguas más frías y vientos más fuertes.

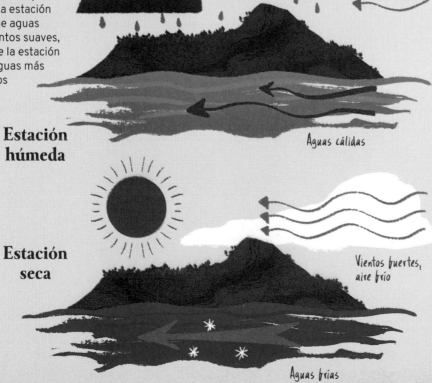

Viento suave, aire caliente

Aguas cálidas

Estación húmeda

Estación seca

Vientos fuertes, aire frío

Aguas frías

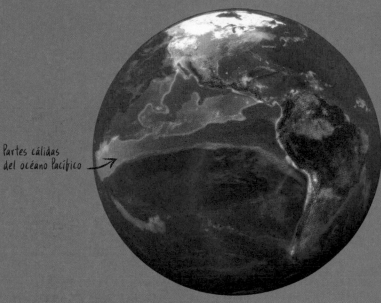

Partes cálidas
del océano Pacífico

El Niño

Cada pocos años, el océano Pacífico experimenta un gran cambio en su clima. Este cambio se llama El Niño, nombre que se refiere al Niño Jesús, porque uno de sus efectos es un clima más cálido en Sudamérica en Navidad. El Niño ocurre cuando la corriente más fría de Humboldt, que viene del sur, se debilita, lo que provoca que dominen las aguas más cálidas del Pacífico, que vienen del oeste. Esto debilita las corrientes de las Galápagos y hace que el agua en torno al archipiélago se vuelva más cálida. El impacto de El Niño puede verse en todo el mundo. En las islas Galápagos, reduce la cantidad de alimento disponible tanto para la vida marina como para los animales terrestres.

Tiempo de austeridad

El Niño cambia la forma en que el agua se mueve alrededor de las Galápagos y detiene la surgencia de agua rica en nutrientes de las profundidades del fondo marino. Esto significa que el agua en torno a las islas se queda sin los nutrientes que la vida marina necesita para sobrevivir. Todos los animales comienzan a pasar hambre, incluidos los de la orilla, como las iguanas y los lobos marinos. Pero la vida se recupera pronto cuando las corrientes cambian y el agua fría regresa.

Punta Cormorán, en la isla de Floreana, durante la estación seca de El Niño.

Esqueleto de iguana marina

23

El viaje del *Beagle*

Las islas Galápagos son hoy mundialmente famosas gracias a Charles Darwin. Este científico inglés ideó la teoría de la evolución, que explica cómo las plantas y los animales pueden cambiar a través del tiempo.

Darwin visitó las islas en 1835 a bordo del *Beagle*, un barco de investigación británico. Se unió a la tripulación no como un científico oficial, sino como un particular que pagó su pasaje para acompañar al capitán durante una expedición de cinco años. Tras regresar a Inglaterra, Darwin escribió sobre lo que vio en su larga aventura en un libro titulado *El viaje del Beagle*. Sus observaciones le llevaron a pensar en la evolución de la vida en la Tierra.

Islas Canarias

Islas Galápagos

→ Viaje de ida
→ Viaje de vuelta

Patagonia

Islas Malvinas

El largo viaje

El *Beagle* dio la vuelta al mundo, cruzó el océano Atlántico y visitó muchas islas del Pacífico y Australia. Darwin tenía solo 22 años cuando el barco partió de Inglaterra. Acababa de terminar sus estudios de ciencias en la universidad y estaba pensando en convertirse en sacerdote. Sus principales intereses eran la geología (el estudio de las rocas y la tierra) y la vida salvaje, y recolectó muchos especímenes durante su largo viaje.

El Beagle

El *Beagle* se construyó como un buque de guerra, pero nunca se utilizó para combatir. Estaba equipado para explorar los mares del mundo con una tripulación de unas 70 personas, que hicieron mapas detallados e investigaron la dirección de las corrientes oceánicas. Darwin viajó en el segundo de los tres viajes alrededor del mundo que realizó este barco en el hemisferio sur.

Robert FitzRoy

El capitán del *Beagle* era Robert FitzRoy. FitzRoy estaba muy interesado en los ciclos climáticos e introdujo el término *forecast* («pronóstico»). En 1854, después de jubilarse como capitán naval, FitzRoy estableció lo que después se conoció como la Oficina Meteorológica, el primer servicio de pronóstico del tiempo.

Islas Canarias

En las islas Canarias, en el océano Atlántico, Darwin utilizó una red de trama muy fina para recolectar criaturas diminutas que flotaban en el agua. Se quedó asombrado por la cantidad de organismos que había en la red, ahora conocidos como plancton.

Patagonia

En la Patagonia (sur de Sudamérica), Darwin encontró el cráneo fósil de un megaterio. Este gigantesco perezoso llegaba a medir 6 m de largo, más que cualquier animal actual del continente.

Islas Malvinas

En estas islas del Atlántico sur, Darwin vio una especie canina de gran tamaño, conocida como lobo de las Malvinas. Predijo, acertadamente, que este animal se extinguiría, ya que los colonos los estaban exterminando. Se extinguió en 1876.

6. Wolf y Darwin

El *Beagle* navegó de regreso a Santiago, pasando por Española (entonces llamada isla de Hood), para recoger a Darwin y a los demás exploradores. El barco estaba casi listo para salir de las Galápagos. Terminó su reconocimiento dirigiéndose al noroeste hacia las islas de Wenman y Culpepper. Hoy, Wenman se llama isla de Wolf, en honor al naturalista alemán Theodor Wolf, que exploró las Galápagos unos 50 años después de Darwin. La isla de Culpepper se llama ahora Darwin, en honor a Charles Darwin.

4. Pinta, Marchena y Genovesa

Tras salir de Isabela, el capitán del *Beagle*, Robert FitzRoy, puso rumbo hacia el norte para observar las islas de Abingdon, Bindloe y Tower, hoy conocidas como Pinta, Marchena y Genovesa. Durante los siguientes cuatro días, luchó contra el viento y las corrientes y no pudo encontrar un lugar para desembarcar en ninguna de estas pequeñas islas. Al quedarse sin agua potable, el *Beagle* se dirigió de nuevo hacia el sur, a la siguiente isla.

Levantando el campamento

Darwin y Bynoe –ayudados por sus dos sirvientes– instalaron una tienda en un valle protegido cerca de Buccaneer Cove, en Santiago. Tenían un guía local, que estaba de visita en la isla para cazar tortugas. Llevó a Darwin tierra adentro a las tierras altas, donde las tortugas gigantes se reunían alrededor de un abrevadero. Antes de irse, Darwin capturó una cría de tortuga de Santiago para tenerla como mascota a bordo del *Beagle*, pero murió antes de llegar a Inglaterra.

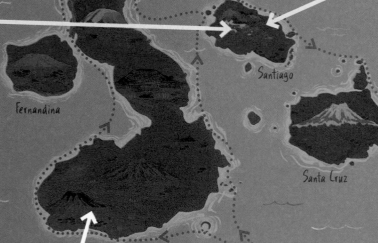

3. Isabela

La siguiente parada fue la isla de Albermarle, hoy llamada Isabela. El barco estuvo seis días rodeando la isla, con diferencia la más grande del archipiélago. Esta isla volcánica es donde Darwin anotó por primera vez que había visto pinzones. También fue aquí donde Darwin hizo su primera observación de cerca de iguanas marinas, que se sumergían en el agua para alimentarse. Supuso que estaban cazando peces, pero luego descubrió que comían algas.

Cartografiar las islas

Los descubrimientos que hizo Darwin en las Galápagos eclipsan el resto de trabajos realizados por la tripulación del *Beagle*. La razón principal por la que el barco visitó las islas fue para hacer un mapa de sus costas, sus volcanes y otros puntos de referencia. Gran parte de este trabajo fue llevado a cabo por equipos de topógrafos. A diferencia de Darwin, estos equipos visitaron todas las islas del archipiélago.

Darwin en las Galápagos

5. Santiago

El *Beagle* se trasladó luego a la isla de James, o Santiago. La tripulación no pudo encontrar una fuente de agua dulce allí, por lo que regresaron a San Cristóbal para reabastecerse. Darwin y el médico del barco, Benjamin Bynoe, se quedaron atrás y lograron encontrar agua fresca en un manantial. Establecieron un campamento en Buccaneer Cove y pasaron nueve días explorando y recolectando especímenes, como por ejemplo pinzones, que más tarde fueron clasificados por el ornitólogo John Gould y sirvieron para respaldar la teoría de la evolución de Darwin.

El *Beagle* –con Charles Darwin a bordo– llegó a las islas Galápagos el 15 de septiembre de 1835. El barco recorrió las islas durante poco más de un mes y el 20 de octubre de 1835 partió rumbo a Tahití, en el centro del Pacífico.

La principal tarea de la tripulación del *Beagle* era hacer mapas detallados de las islas. Grupos de topógrafos –quienes dibujaban los mapas– recorrieron las islas en pequeñas barcas, pero Darwin viajó principalmente alrededor de las islas a bordo del propio *Beagle*. Pasó solo unas pocas horas en la mayoría de ellas, observando la vida salvaje, registrando paisajes y recolectando especímenes de plantas, animales y rocas.

San Cristóbal

ñola

1. San Cristóbal

El *Beagle* llegó en primer lugar a San Cristóbal, que los marineros británicos llamaban por entonces isla de Chatham. Darwin no desembarcó durante tres días mientras el *Beagle* rodeaba la isla y fondeaba en varias bahías. Una vez en tierra, notó lo confiadas que eran las aves y tomó notas sobre el paisaje rocoso de lava y sus cráteres. Fue allí donde Darwin vio tortugas gigantes por primera vez, cuando estaban siendo capturadas por la tripulación del barco como fuente de alimento.

2. Floreana

La siguiente isla, que Darwin conocía como isla de Charles, era mucho más verde que la primera. Allí, los exploradores conocieron a Nicholas Lawson, un director de prisión, quien los acompañó a recorrer la isla. Lawson explicó que las tortugas gigantes de cada isla tenían caparazones de forma diferente. Lamentablemente, estas tortugas se extinguieron en 1846. El sinsonte de Floreana se extinguió en Floreana, pero se halla aún en dos pequeños islotes cercanos. Un año después, Darwin comparó los sinsontes de Floreana y los de San Cristóbal.

Sigue al *Beagle* en su viaje por las islas Galápagos.

Historia de la evolución

Una de las observaciones más importantes que hizo Charles Darwin en su visita a las islas Galápagos fue que cada isla tenía sus propias especies de plantas y animales.

Por ejemplo, las tortugas de una isla eran ligeramente diferentes de las que vivían en otra. Darwin comenzó a pensar en la razón de esto. Reflexionó sobre el problema durante muchos años y llegó a la teoría de la evolución por selección natural. Darwin comunicó al mundo esta teoría en su libro de 1859 *El origen de las especies*.

Evolucionar en aislamiento

La evolución de muchas especies de las Galápagos ha sido impulsada por el hecho de vivir aisladas. Las especies de las islas no tienen la misma comunidad de depredadores y de otros competidores que rodean a sus parientes del continente. Por ejemplo, los antepasados del cormorán no volador llegaron volando a las Islas Galápagos. Sin embargo, en las islas, las aves no usaban sus alas porque no tenían necesidad huir volando de ningún depredador, por tanto evolucionaron para no volar.

Selección natural

La teoría de Darwin se resume en la frase «la supervivencia del más apto». No hay dos animales iguales en una población, siempre hay variación entre ellos. Esta variación significa que algunos animales tienen características que los hacen más aptos que otros para prosperar en un lugar. Esto es lo que Darwin quiere decir con ser «apto». Los animales «no aptos» no poseen estas características útiles, por lo que no pueden competir por la comida y es más probable que mueran. Los aptos sobreviven más fácilmente y tienen mucha descendencia. La naturaleza los ha seleccionado, y así sus características útiles se vuelven más comunes. De esta forma, el grupo de animales ha cambiado o evolucionado.

Ancestros

Una tormenta desvía de su curso a una población de pinzones de la misma especie, la cual llega a una isla de las Galápagos. Son aves de pico fino adaptadas a comer insectos pequeños. Sin embargo, existen pequeñas diferencias heredadas en cuanto a la forma y el tamaño de los picos dentro de la misma población.

Generaciones más tarde

En la isla, el principal suministro de alimento son las semillas duras, y los pinzones de pico más grueso y con una mordedura más fuerte pueden partir esas semillas y obtener más comida. Esas aves tienen más probabilidades de sobrevivir para reproducirse y transmitir su característica de pico grueso. A lo largo de muchas generaciones, durante millones de años, esta selección natural produce una población de aves con picos muy grandes y gruesos.

Especies en evolución

Una especie de las islas

Tortugas gigantes de caparazones abovedados, procedentes de América del Sur, colonizan una isla de las Galápagos de laderas abruptas y húmedas y sobreviven comiendo hierba que crece en ellas.

Hogar móvil

La población se divide cuando algunas de las tortugas logran llegar a otra isla. Sin embargo, esta isla es más plana y seca que la anterior, con altos cactus y muy poca hierba.

Selección natural

A lo largo de generaciones en la isla plana, las tortugas con caparazones de parte frontal más alta pueden estirar el cuello para comer yemas de cactus. Sobreviven mejor que las que tienen caparazones abovedados, que tienen que arreglárselas con la escasa hierba del suelo. Los caparazones de parte frontal alta, en forma de «silla de montar», se seleccionan naturalmente y los que tienen forma de cúpula comienzan a desaparecer.

Dos especies en la isla

Millones de años más tarde, las tortugas de caparazón en forma de silla de montar de la isla plana y seca ahora son tan diferentes de las tortugas abovedadas en la isla montañosa más húmeda que los dos tipos ya no pueden cruzarse. Ahora son dos especies distintas.

Los reptiles son muy silenciosos. ¡El sonido más fuerte que emite un reptil de las Galápagos es la llamada de apareamiento de la tortuga gigante, parecida a un mugido!

Reptiles

Las islas Galápagos son de los pocos lugares de la Tierra donde los animales más grandes son los reptiles. En la mayoría de las zonas del planeta, los mamíferos son los que tienen este privilegio. Las islas son generalmente cálidas y secas, condiciones a las que se adaptan bien a los reptiles, animales de sangre fría que necesitan calentarse al sol cada mañana. Su piel escamosa y coriácea también hizo que fueran más aptos que los mamíferos para sobrevivir la larga travesía hasta las islas. Cada tipo de reptil de las Galápagos desciende de un animal que sobrevivió durante semanas en el mar sin comida ni agua.

Iguana terrestre de las Galápagos en la caldera del volcán La Cumbre, isla Fernandina, Galápagos.

Iguana marina

Las iguanas marinas han evolucionado para vivir en las abruptas rocas que se crearon cuando los flujos de lava alcanzaron el frío océano. Sus dientes afilados y sus narices romas les permiten comer algas que crecen en las rocas del fondo.

Tortuga gigante

Tierra adentro y ladera arriba desde la orilla, las islas tienen áreas con matorrales, pastizales y bosques caducifolios. Este es el hábitat ideal para reptiles herbívoros como las tortugas gigantes.

Reptiles

Ojos grandes para una buena visión nocturna

En las islas Galápagos viven la mayoría de los tipos de reptiles que se encuentran en otras partes del mundo. Hay tortugas terrestres y marinas, serpientes y lagartos, como iguanas y gecos. Los cocodrilos son el único tipo importante de reptil que no está presente en las islas.

Aunque los reptiles de las islas tienen aspectos y formas de vida muy diferentes, todos comparten unas características básicas: tienen la piel cubierta de escamas hechas de una sustancia resistente al agua llamada queratina; todos son de sangre fría, lo que significa que su temperatura corporal varía según el medio ambiente, y mientras que algunos reptiles de otros lugares del mundo dan a luz a sus crías, todos los reptiles de las Galápagos ponen huevos.

En las islas Galápagos viven cinco especies de geco. Este geco de dedos de hoja no se encuentra en ningún otro lugar del mundo.

Lagartija de lava

Las pequeñas y rápidas lagartijas de lava están muy extendidas por las islas. Viven en las cálidas tierras bajas más cercanas a la costa y se las puede ver calentándose al sol en las oscuras rocas.

Culebras corredoras

Las playas son el hogar de muchas de las culebras corredoras de las islas. Se alimentan de gecos, lagartijas de lava, ratas, ratones, insectos, crías de aves e iguanas marinas.

La larga cola puede desprenderse durante un combate, lo que desorienta al atacante.

Los gecos almacenan grasa en sus colas y la usan cuando la comida escasea.

Las almohadillas de sus dedos tienen pelos diminutos para agarrarse a cualquier superficie.

Caparazón protector

Los reptiles pueden reproducirse en lugares secos gracias a la cáscara que protege sus huevos. Esta cáscara es resistente al agua para que no se sequen la clara y la yema de huevo, que alimentan al embrión a medida que crece. Sin embargo, la cáscara deja entrar y salir gases, por lo que el pequeño reptil puede respirar dentro.

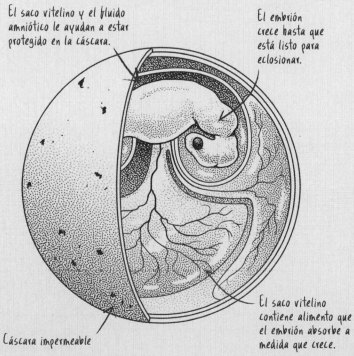

El saco vitelino y el fluido amniótico le ayudan a estar protegido en la cáscara.

El embrión crece hasta que está listo para eclosionar.

Cáscara impermeable

El saco vitelino contiene alimento que el embrión absorbe a medida que crece.

Iguanas marinas

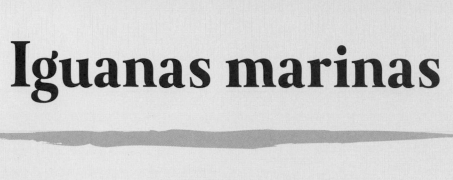

Las iguanas marinas varían mucho en tamaño: entre 12 y 156 cm de largo desde el hocico hasta la punta de la cola.

La iguana marina es el único lagarto del mundo que obtiene todo su alimento en el mar. Como todos los reptiles, esta iguana es de sangre fría. Eso significa que es más activa cuando hace calor y se vuelve lenta cuando hace frío. Por esa razón, no puede permanecer en las frías aguas de las Galápagos mucho tiempo mientras se alimenta.

Las iguanas pequeñas —los ejemplares jóvenes y las hembras— se alimentan de algas en las rocas expuestas en la orilla del agua, mientras que las iguanas macho, más grandes, se sumergen para pastar algas. Pueden sumergirse 15 m y permanecer bajo el agua unos 20 minutos. Cuando su fuerza comienza a flaquear, vuelven a trepar por las rocas para calentarse con el sol. El calor del sol también ayuda a este lagarto a digerir su comida y le da la energía que necesita para su siguiente almuerzo.

Solo hay una especie de iguana marina. Aunque estos lagartos no suelen trasladarse de una isla a otra, se las han arreglado para extenderse por las Galápagos. Los científicos que estudian las diferentes poblaciones han encontrado al menos 11 subespecies distintas.

¡Demasiada sal!

Glándula salina →

Mucosidad salada →

Una dieta solo de algas significa que las iguanas marinas comen mucha sal. Demasiada sal en el cuerpo es dañina, por lo que debe excretarse o eliminarse. La iguana marina tiene glándulas especiales dentro de su hocico para ello. ¡Eliminan sal de su sangre y la iguana la estornuda en forma de mucosidad salada!

La cresta ayuda a la iguana a mantenerse estable en corrientes fuertes bajo el agua. También impresiona a las hembras y asusta a los rivales.

Las iguanas marinas tienen dientes cortos en forma de trípode que las ayudan a raspar las algas de las rocas.

Los machos obtienen sustancias químicas de su alimento para producir colores en su piel y atraer a las hembras.

Las garras en forma de gancho son útiles para escalar rocas, en tierra y bajo el agua.

Bucear, nadar y pastar

Una iguana grande se zambulle en el mar desde las rocas volcánicas. Debe tomar aire, ya que no puede respirar bajo el agua.

Sus cortas patas se pliegan a los costados, y utiliza su larga cola en forma de remo para descender nadando al lecho marino.

La iguana usa sus garras largas y fuertes para aferrarse a las rocas mientras arranca las algas a mordiscos. Su hocico corto y plano es adecuado para pastar en las rocas.

Lava caliente y agua fría

Mira dónde viven
Este mapa muestra dónde viven las iguanas marinas en las Galápagos.

La iguana marina macho pasa su tiempo moviéndose entre dos hábitats muy diferentes.

Un momento la iguana marina macho está tomando el sol en la costa rocosa, donde el sol cuece las oscuras rocas de lava, y al siguiente se sumerge en las frías aguas en busca de su alimento: algas. Las iguanas marinas hembras y los ejemplares jóvenes buscan alimento en las rocas intermareales. La iguana marina es un animal de sangre fría, lo que significa que no puede controlar su temperatura corporal. Para sobrevivir, debe buscar diferentes formas de calentarse.

El hocico a menudo está cubierto por una costra de cristales de sal que se han expulsado por la nariz.

Gestionar la temperatura corporal
Tras ascender a tierra desde las gélidas aguas, la piel húmeda de las iguanas es más oscura que cuando está seca. Los colores oscuros absorben el calor fácilmente, por lo que la iguana se seca y se calienta deprisa con el sol.

De cara al cielo
Cuando las iguanas marinas se calientan demasiado, se levantan sobre sus patas delanteras, de modo que su cabeza apunta hacia arriba. Esta posición reduce la cantidad de luz solar caliente que llega al cuerpo.

Lagartos menguantes

Durante los períodos de El Niño, hay menos comida para las iguanas. Estos lagartos de cuerpo largo tienen una curiosa táctica para hacer frente a la escasez. Absorben los nutrientes de sus propios huesos y músculos para alimentar sus cuerpos. Esto hace que se vuelvan más delgadas y más cortas. Recuperan su tamaño completo cuando la comida vuelve a ser abundante.

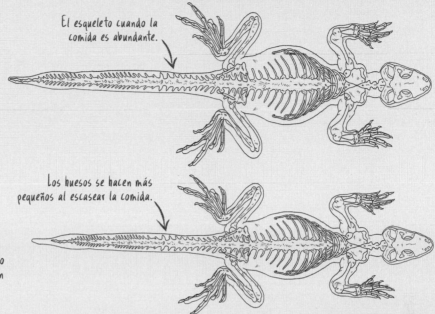

El esqueleto cuando la comida es abundante.

Los huesos se hacen más pequeños al escasear la comida.

Cuerpos cambiantes

En la época de cría, las grandes iguanas macho desarrollan colores brillantes para atraer a las hembras. Las sustancias que producen estos colores provienen de las algas que comen y varían de una isla a otra. Las iguanas más grandes y brillantes a menudo luchan por las hembras embistiéndose con la cabeza.

La posición de cara al cielo evita que se sobrecalienten bajo el cálido sol del mediodía.

Frío   ⟶   Caliente

Piña nocturna

Cuando cae la noche, el calor de las rocas comienza a escapar al aire. Las iguanas marinas se acurrucan juntas cuando hace más frío y comparten el calor de sus cuerpos mientras duermen.

Mira dónde viven

Este mapa muestra dónde viven las iguanas terrestres en las Galápagos.

Darwin
Wolf

Pinta

Isabela   Marchena   Genovesa

Santiago

Santa Cruz

Fernandina

Floreana   San Cristóbal

Española

¡Pelea!

Las iguanas terrestres pasan la mayor parte del tiempo solas. Al encontrarse con otra iguana, intentan asustarla abriendo la boca para mostrar sus dientes y sus encías de color rosa pálido. Si eso no funciona, los rivales intentan morderse el cuello para demostrar quién manda.

La parte posterior del cuello y la cabeza de la iguana están protegidas por espinas.

Muchas de sus escamas son duras y puntiagudas.

Malas críticas

Charles Darwin no tuvo una buena impresión de las iguanas terrestres que encontró en las islas. Las describió como «animales feos [...] de aspecto estúpido». Incluso les abrió las tripas a algunas de ellas para saber qué comían.

38

Iguanas terrestres

Este torpe y pesado monstruo escamoso es el lagarto más grande de las Galápagos. Es pariente cercano de la iguana marina, pero mide el doble cuando está completamente desarrollado, a veces hasta 1,5 m de largo y 13 kg de peso.

Hay tres especies de iguanas terrestres en las Galápagos. La más común se da en todas las islas más grandes. Otra especie, un poco más pequeña y con piel más clara, vive en Santa Fe, una isla menor cerca de Santa Cruz. La tercera especie, la iguana rosada, solo se encuentra en lo alto de las laderas del volcán Wolf, en Isabela. Las iguanas terrestres adultas son herbívoras. Sin embargo, cuando son jóvenes, comen otros alimentos, como escarabajos, ciempiés e incluso crías de ave. Como todos los reptiles, las iguanas terrestres son animales de sangre fría y a menudo se las puede ver tomando el sol por la mañana. Sin embargo, a mediodía suele hacer demasiado calor para ellas, por lo que descansan a la sombra.

Lagarto rosa

Solo hay unos 100 individuos de iguana rosada, y viven en una parte poco accesible de Isabela. Esta iguana fue vista por primera vez en 1986 ¡y los científicos no pudieron demostrar que era una especie distinta hasta 2009!

Las iguanas terrestres rosadas viven en un área de solo 25 km².

Guardería volcánica

Las hembras de iguana terrestre en Fernandina necesitan un lugar caliente para enterrar sus huevos, por lo que trepan hasta el borde de La Cumbre, el cráter del volcán de la isla.

Luego las iguanas se introducen en el cráter activo, abriéndose camino por las paredes abruptas e inestables de la caldera mientras esquivan las rocas que caen.

Al llegar al suelo del cráter, ponen sus huevos en la ceniza caliente y blanda. Cuando las crías de iguana salen del cascarón, ¡tienen que trepar hasta arriba para salir!

Lagartija de lava de Española
(macho)

Lagartija de lava de Pinzón
(hembra)

Lagartijas de lava

Estos llamativos lagartos se encuentran entre los reptiles más extendidos en las islas Galápagos. Como su nombre sugiere, buscan comida en las abruptas rocas de lava que cubren las islas. Comen todo lo que encuentran, desde larvas y hormigas hasta flores y hojas.

Hay 10 especies de lagartijas de lava en las Galápagos y todas ellas pertenecen al género *Microlophus*. La lagartija de lava de Isabela (*M. albemarlensis*) es la más extendida. Otras especies se encuentran solo en una sola isla, como la lagartija de lava de Pinzón (*M. duncanensis*), que se halla solo en la diminuta isla de Pinzón. Las diferentes especies pueden diferenciarse por sus coloridos diseños.

Lagartija de lava de Santiago
(hembra)

Lagartija de lava de San Cristóbal
(macho)

Lagartija de lava de Santa Cruz
(hembra)

Parientes de las iguanas

Las lagartijas de lava están emparentadas con las iguanas de las Galápagos, aunque evolucionaron como animales mucho más pequeños: miden solo unos 15 cm. Comparten los mismos hábitats que sus primas iguanas y, a menudo, se suben a la espalda de estas para capturar moscas y otros insectos.

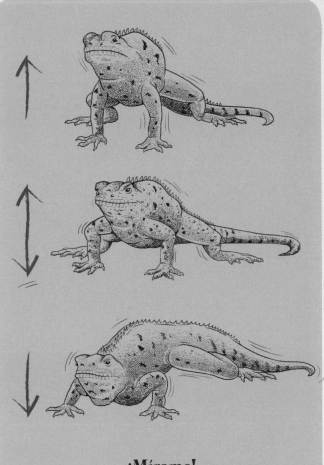

¡Mírame!

Las lagartijas de lava macho son muy fanfarronas. Además de usar colores llamativos, ¡captan la atención de las lagartijas de lava hembra trepando a una roca alta y haciendo flexiones!

Lagartija de lava de Isabela (hembra)

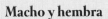

Macho y hembra

Es fácil distinguir una hembra de lagartija de lava de un macho, pues la primera mide un tercio menos y tiene la piel más suave. El lagarto de lava macho tiene escamas mucho más duras y una cresta de espinas en la parte posterior del cuello.

Lagartija de lava de Santa Fe (macho)

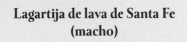

Lagartija de lava de Floreana (macho)

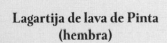

Lagartija de lava de Pinta (hembra)

Culebras corredoras

Como su nombre sugiere, las culebras corredoras usan la velocidad para atrapar su alimento. Son emboscadores que se deslizan y capturan presas en un abrir y cerrar de ojos. Las islas Galápagos albergan nueve especies de culebras corredoras. Todas son muy delgadas y rara vez crecen más de 1 m. Hay especies distintas en las diferentes islas.

Las serpientes corredoras viven en las áreas secas cercanas a la costa, en matorrales y pastizales secos, en bosques caducifolios, en jardines y, a veces (dependiendo de la isla), en rocas volcánicas desnudas. Se alimentan de pequeños lagartos, insectos y polluelos.

Las escamas de color gris y marrón se camuflan en el hábitat arenoso.

Cabeza pequeña y redondeada

Corre por tu vida

Es difícil ver a las culebras corredoras, pues generalmente se esconden entre las rocas. Sin embargo, cuando se presenta una presa, como una iguana bebé recién salida del huevo, estas culebras pronto salen deslizándose y empiezan a perseguirla. Sus largos cuerpos resbalan fácilmente sobre la arena, mientras que a las pequeñas iguanas, con sus diminutos pies, les es difícil correr tan deprisa.

Cola parecida a un látigo

Sus ocelos, franjas y manchas se confunden con el desigual terreno.

La culebra de Fernandina es la única serpiente terrestre del mundo que captura peces en pozas en la roca.

Cuerpo largo y delgado

Tácticas asesinas

Las serpientes corredoras son inofensivas para los humanos, pero son expertas asesinas cuando se trata de atrapar presas. En primer lugar, la serpiente agarra a su víctima con sus poderosas mandíbulas.

La culebra inyecta un suave veneno a través de sus colmillos para evitar que la presa luche. Luego se enrolla alrededor de la víctima y la aprieta hasta que deja de respirar.

Cuando la presa muere, la culebra la suelta y comienza a tragársela. Como no puede morder, abre bien la boca y se la traga entera, siempre empezando por la cabeza.

Tortugas gigantes

Mira dónde viven
Las tortugas gigantes viven en las islas pintadas de blanco.

Darwin
Wolf

Pinta

Isabela

Marchena

Genovesa

Santiago

Santa Cruz

Fernandina

Floreana

San Cristóbal

Española

Los animales más grandes y famosos de las islas Galápagos son las tortugas gigantes. Estos reptiles con forma de tanque dejan una profunda impresión en los visitantes.

Se cree que las primeras tortugas gigantes llegaron de América del Sur hace unos 3 millones de años sobre troncos que flotaban a la deriva. También podrían haber flotado solas. Desde entonces, aquella especie original se ha convertido en muchas especies nuevas que ahora se extienden por las islas.

El término «gigante» es muy apropiado para estos animales. Una tortuga mascota cabe fácilmente en la palma de tu mano, pero una tortuga gigante adulta mide unos 1,5 m de largo y ocuparía la mayor parte de tu cama. Incluso podría romperla, ya que los adultos más grandes pesan 250 kg, tres veces más que un hombre adulto. Aunque son enormes, estas tortugas son criaturas inofensivas y muy lentas: tardan 20 minutos en caminar 100 m.

La parte superior del caparazón se llama espaldar.

La boca no tiene dientes, pero cuenta con una mandíbula afilada.

El cuello puede enroscarse para meter la cabeza dentro del caparazón.

Piel seca y escam

Las patas delanteras tienen cinco dedos.

Una tortuga gigante adulta suele medir 82 cm de alto.

La altura media de una mujer en España es de 163 cm.

44

Recién nacidas

Una tortuga gigante hembra pone alrededor de una docena de huevos redondos, del tamaño de pelotas de tenis, en un hoyo excavado en el suelo blando. Ese nido es calentado por el sol y, tras cuatro meses, las crías nacen y excavan hacia arriba para salir de la tierra. El sexo de las nuevas tortugas se decide según su posición en el nido. Los huevos de las partes más profundas y frías se convierten en machos, mientras que los huevos de las partes más cálidas cerca de la superficie se convierten en tortugas hembra.

El caparazón está hecho de placas óseas cubiertas de queratina.

Las tortugas gigantes duermen unas 16 horas al día.

La parte de abajo del caparazón, que es plana, se llama plastrón.

Las patas traseras tienen cuatro dedos.

Criaturas ancestrales

Las tortugas gigantes son uno de los animales terrestres más longevos. Es bastante común que estos poderosos masticadores de plantas vivan más de 100 años, y hay registros de que viven mucho más. Una tortuga llamada Harriet (arriba), llevada de las Galápagos a Australia, tenía unos 176 años cuando murió en 2006. De joven, estaba en las Galápagos cuando Charles Darwin las visitó en 1885, aunque él no pisó su isla, Santa Cruz.

Caparazones
y hábitats

Caparazón en silla de montar

Caparazón en cúpula

Las tortugas de Española tienen marcados caparazones en forma de silla de montar, mientras que las tortugas del oeste de Santa Cruz llevan altas cúpulas en la espalda.

Los caparazones de las tortugas gigantes de las Galápagos son de dos formas: de cúpula y de silla de montar. Un caparazón en cúpula tiene la forma típica de un caparazón de tortuga, y uno en silla de montar parece una antigua y elegante silla utilizada para montar a caballo.

La evolución ha transformado la parte superior del caparazón para adaptarse al hábitat de cada especie. Los caparazones en silla de montar permiten que las tortugas levanten la cabeza para alcanzar los cactus y las plantas altos. Los caparazones en cúpula solo permiten dirigir la cabeza hacia abajo para comer plantas rastreras, como hierbas.

Altas y secas

Las tortugas con caparazón de silla de montar viven en islas o regiones bajas, donde el clima suele ser cálido y seco. Las plantas en estas islas son arbustos altos y cactus, por lo que las tortugas deben poder alcanzar la comida por encima de sus cabezas.

El caparazón se curva detrás del cuello, lo que le permite estirar la cabeza hacia arriba.

Las tortugas con caparazón en silla de montar tienen el cuello y las patas más largos para alcanzar las plantas altas.

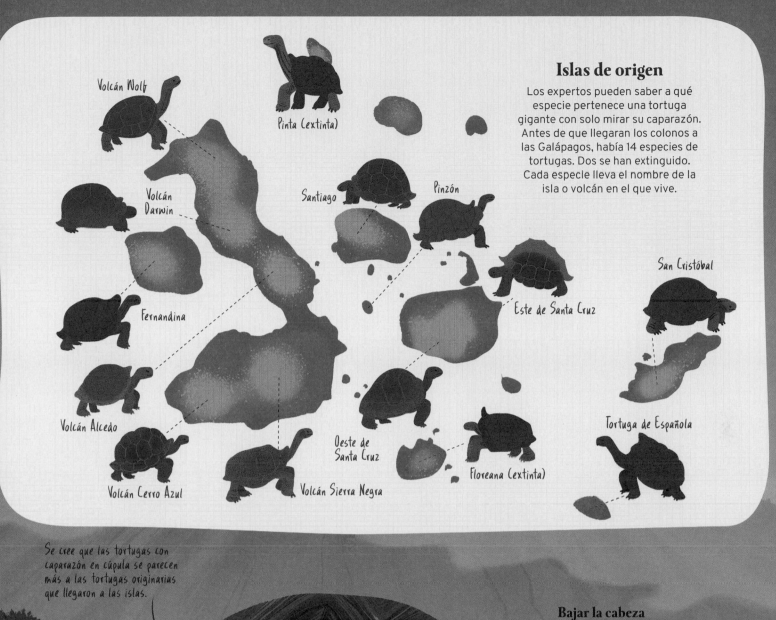

Islas de origen

Los expertos pueden saber a qué especie pertenece una tortuga gigante con solo mirar su caparazón. Antes de que llegaran los colonos a las Galápagos, había 14 especies de tortugas. Dos se han extinguido. Cada especie lleva el nombre de la isla o volcán en el que vive.

Volcán Wolf

Pinta (extinta)

Volcán Darwin

Santiago

Pinzón

San Cristóbal

Fernandina

Este de Santa Cruz

Volcán Alcedo

Oeste de Santa Cruz

Tortuga de Española

Volcán Cerro Azul

Volcán Sierra Negra

Floreana (extinta)

Se cree que las tortugas con caparazón en cúpula se parecen más a las tortugas originarias que llegaron a las islas.

Bajar la cabeza

Las tortugas con caparazón en cúpula viven en islas con fértiles tierras altas. Allí, el clima suele ser húmedo y las hierbas crecen pegadas al suelo, por lo que les resulta fácil comerlas.

Las tortugas con caparazón en cúpula tienen el cuello más corto.

Solitario George

George era la tortuga gigante macho más famosa del mundo…, pero estaba muy sola. Durante al menos 40 años, fue única en su especie: era la última de las tortugas de la isla Pinta. Se pensaba que esta especie de tortuga gigante había desaparecido por completo en la década de 1950, cuando se liberaron cabras en la Pinta que se comieron casi todos los arbustos y hierbas, lo que causó la extinción de las tortugas.

Sin embargo, George fue encontrado vivo entre las rocas de Pinta en 1971. Después de buscar por todas partes, los científicos no encontraron ninguna otra tortuga en la pequeña isla. No había compañeros para Solitario George, y las tortugas de la isla Pinta se extinguieron cuando George murió en 2012.

Darwin
Wolf
Pinta
Isabela
Marchena
Genovesa
Santiago
Santa Cruz
Fernandina
Floreana
San Cristóbal
Española

Cuello largo para alcanzar arbustos altos

El animal más único del mundo
Solitario George ya tenía unos 60 años cuando lo encontraron en la naturaleza, pero aún le quedaban muchos años de vida. Tras su descubrimiento, fue trasladado a un hogar seguro en la Estación de Investigación Charles Darwin, en la isla de Santa Cruz. Allí se convirtió en un símbolo mundial de la conservación necesaria para proteger las especies nativas de las Galápagos.

Solitario George podía sobrevivir seis meses sin comida ni agua.

Intentos de reproducción

En la estación de investigación, George vivía con hembras de otras especies de tortugas gigantes estrechamente relacionadas. Los científicos esperaban que se apareara con ellas y produjera tortugas híbridas similares a las especies de la isla Pinta. Aunque algunas pusieron huevos, las tortugas no nacieron.

George había estado solo durante tanto tiempo que necesitaba ayuda para aprender a estar con otras tortugas.

Posibles parientes

Se han encontrado parientes muy cercanos de George en las laderas del volcán Wolf, en la Isla Isabela. Las tortugas de PInta fueron seguramente llevadas allí hace tiempo por los marineros, que a menudo transportaban tortugas vivas en sus barcos como alimento. Estas tortugas de Pinta se cruzaron con la especie del volcán Wolf. Los científicos ahora buscan alguna de las tortugas de Pinta originales que aún podrían estar vivas en Isabela.

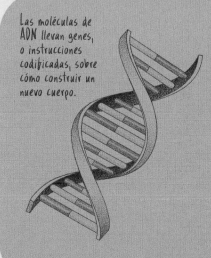

Las moléculas de ADN llevan genes, o instrucciones codificadas, sobre cómo construir un nuevo cuerpo.

Tecnología genética

Antes de que George muriera, se decodificó su genoma, el conjunto completo de su ADN. Esto demostró que George compartía el 90 por ciento de sus genes con las tortugas del este de Santa Cruz. Al estudiar estos genes, los científicos pueden comprender mejor cómo viven las tortugas gigantes y quizá por qué pueden vivir tanto tiempo. Toda esta información es útil para ayudar a determinar la manera más adecuada de conservar las poblaciones de tortugas gigantes que aún viven en las Galápagos.

Joven tortuga hembra con ancestros de tortuga de Pinta

Hay unas 50 especies de aves en las islas Galápagos, y aproximadamente la mitad de ellas no se encuentran en ningún otro lugar del mundo.

Aves

L as islas Galápagos están llenas de aves. Las ves por todas partes, desde el océano y la costa rocosa hasta los secos matorrales, los bosques y las exuberantes laderas de las tierras altas. Al poder volar, las aves estaban mejor preparadas para llegar a las islas que otros animales terrestres. ¡Y siguen llegando! Hace poco llegaron garcillas bueyeras, y parece que se van a quedar. Las aves que volaron a las Galápagos mucho antes que las garcillas fueron moldeadas por la evolución para formar especies separadas que viven en cada rincón de estas increíbles islas.

Busardo de las Galápagos en vuelo sobre el volcán Alcedo, isla Isabela, Galápagos.

Las aves rapaces tienen alas largas y anchas.

Las aves marinas tienen alas largas y estrechas.

Los paseriformes tienen alas de extremos redondeados.

Los patos tienen alas curvadas.

Formas de las alas

La forma de las alas de un pájaro muestra cómo vuela. Las alas largas y anchas son adecuadas para vuelos lentos y para cernerse rápidamente, mientras que las alas largas y estrechas sirven para planear largas distancias. Las alas con extremos redondeados sirven para vuelos cortos con giros cerrados, y las alas con punta curva son para volar deprisa.

Aves

Las Galápagos son un paraíso para los amantes de las aves, que llegan de todo el mundo atraídos por estas remotas islas del Pacífico para ver las especies raras y únicas que viven en los hábitats de las islas.

Un día los observadores de aves pueden maravillarse con las grandes colonias de aves marinas, compuestas de miles de ruidosos pájaros, y al día siguiente pueden buscar paseriformes (pequeños pájaros cantores) tierra adentro y ser testigos de su increíble comportamiento. Las aves de las islas siempre ofrecen un buen espectáculo. Son famosas porque no las asustan los observadores humanos, pero los visitantes no deben acercarse demasiado ni tocarlas.

Sinsonte de las Galápagos

Las islas albergan cuatro especies de sinsontes, que viven en pequeñas colonias. Muchas otras especies son imitadoras (imitan el canto de otras especies), pero no las de las Galápagos.

Flamenco del Caribe

Aunque suelen hallarse en el Caribe, pequeñas colonias de estas grandes aves rosadas viven en las lagunas saladas de las Galápagos. Los picos de los flamencos funcionan como tamices y los usan para filtrar su alimento del agua turbia.

Rabihorcado magnífico

Las islas Galápagos son de los pocos lugares en el Pacífico donde anida el rabihorcado magnífico. Esta ave marina puede pasar muchas semanas en vuelo sin tener que posarse. Planea sobre las olas capturando peces en la superficie, ¡y también robándoselos a otras aves marinas!

Larga cola ahorquillada

Pico curvo para capturar peces

El saco rojo del cuello de los machos atrae a las hembras

El rabihorcado magnífico tiene el esqueleto más ligero que cualquier otra ave de su tamaño.

Las alas pueden tener hasta 2,3 m de envergadura

Cormorán

Esta ave costera, que se zambulle para cazar, está tan bien adaptada para atrapar peces bajo el agua que sus alas ya no pueden volar. Grande y pesada, avanza a saltitos a lo largo de la costa rocosa, mirando el agua en busca de su próxima comida.

Busardo de las Galápagos

El ave rapaz más grande de las islas, el busardo de las Galápagos, puede verse buscando presas en todos los hábitats. Vive solo en una pequeña porción de tierra, pero come una amplia variedad de alimentos, desde ciempiés hasta serpientes.

Pinzón lorito

Esta ave usa su pico fuerte y curvo para capturar insectos grandes, como escarabajos.

Pinzón modesto

El pico de este pinzón es más puntiagudo que el de su pariente el pinzón lorito y lo utiliza para capturar presas más pequeñas.

Pinzón chico

Esta pequeña ave usa su pico puntiagudo para cazar insectos. También come frutas, semillas y néctar.

Come sobre todo fruta

Come sobre todo insectos

Cinco especies de pinzones de Darwin tienen su hogar en los árboles, donde se alimentan de insectos y otros invertebrados. Cada pinzón se centra en un tipo diferente de insecto.

PINZONES ARBÓREOS

Pinzón vegetariano

Este pinzón, una de las pocas aves que se alimentan principalmente de hojas, también come yemas, flores y frutas. Tiene pico de loro.

Pinzón de la isla de Cocos

Esta ave, emparentada con los pinzones de las Galápagos, vive en la isla de Cocos, al norte de las Galápagos. Se alimenta de frutas, néctar, insectos y semillas. Tiene el pico curvado hacia abajo.

Come sobre todo hojas

Come sobre todo insectos

Pinzón oliváceo

Es el más pequeño de los pinzones de Darwin. Tiene un pico delgado y puntiagudo para atrapar insectos.

Come sobre todo insectos

Pinzones de Darwin

Hay muchas especies de pinzones en las Galápagos. Se les llama pinzones de Darwin porque Charles Darwin se interesó mucho por ellos.

Darwin hizo dibujos detallados de los diferentes picos de los pinzones. Quería entender por qué especies estrechamente emparentadas llegaron a tener una amplia gama de formas y tamaños de picos, y por qué vivían de diferente manera en las islas Galápagos. La evidencia de sus picos ayudó a Darwin a descubrir su famosa teoría de la evolución. Esta teoría explica que todos estos pinzones descienden de unos cuantos pájaros llegados desde la América tropical. La evolución los separó en diferentes especies con picos adecuados para diferentes dietas, probablemente en el transcurso de un millón de años.

Pinzón picofino

Este pinzón come diferentes alimentos, como insectos, flores, hojas y pulpa de cactus.

PINZÓN ANCESTRAL

Nadie sabe exactamente cómo era el pinzón ancestral, pero probablemente era similar a un grupo de pinzones comedores de semillas llamados semilleros que hoy se encuentran en hábitats abiertos de América del Sur, como la cordillera de los Andes.

Pinzón carpintero

Este pájaro insectívoro tiene un pico largo para ser un pinzón y usa herramientas (derecha). También come frutas y semillas.

Pinzón manglero

Se halla solo en manglares en la costa noroeste de Isabela, y usa su delicado pico para atrapar insectos en la corteza de árboles y arbustos.

Capacidad de aprender

Los animales que se sirven de herramientas son muy inteligentes. Uno de los pinzones de Darwin, el pinzón carpintero, agarra una ramita pequeña con el pico y la usa para extraer insectos, por ejemplo larvas, de las grietas de los árboles. Los pinzones carpinteros jóvenes aprenden esta habilidad observando a los pinzones de más edad.

PINZONES TERRESTRES

Buscan semillas que han caído al suelo de árboles y arbustos. Esta forma de alimentación es típica de muchos pinzones en todo el mundo.

Come sobre todo semillas

Come insectos y sangre

Pinzón de los cactus

Esta ave tiene un pico largo y puntiagudo. Se alimenta de semillas de chumbera. También come flores de cactus e insectos. Ayuda a esparcir el polen de la planta.

Pinzón conirrostro

Pariente cercano del pinzón de los cactus, esta ave tiene un pico robusto y se alimenta sobre todo de semillas de higo chumbo.

Pinzón chupasangre

Se encuentra solo en las islas de Wolf y Darwin y usa su pico afilado para pinchar las patas de los piqueros en sus nidos ¡y beber su sangre!

Pinzón fuliginoso

Esta pequeña ave de las Galápagos come semillas, brotes y frutas. También usa su pico corto y puntiagudo para atrapar insectos.

Pinzón picogordo

Es el más grande de los pinzones de Darwin. Tiene un gran pico, adecuado para triturar semillas grandes, y vive en las áridas tierras bajas de las islas principales.

Pinzón picomediano

Además de semillas, esta ave de pico robusto también se alimenta de hojas de arbustos bajos.

Formas de pico y alimentación

Los pinzones de Darwin desarrollaron diferentes picos para hacer frente a distintos tipos de alimentos.

Insectos

Un pico estrecho y puntiagudo funciona como unas pinzas para agarrar insectos pequeños que se mueven rápidamente.

Dieta mixta

Un pico robusto y curvo puede manejar alimentos blandos, pero también es lo bastante fuerte para triturar semillas pequeñas.

Semillas

Un pico con una parte superior gruesa que se superpone a la parte inferior y puede romper y triturar semillas grandes.

Pinzón de Genovesa

Pariente cercano del pinzón picofino, vive solo en la isla Genovesa. Come insectos, semillas y flores.

Pingüinos de las Galápagos

Pequeños, pero poderosos

El pingüino de las Galápagos, con una altura de unos 50 cm, es la segunda especie de pingüino más pequeña. A diferencia de otras especies, que se reúnen en grandes colonias, estos pingüinos pasan el tiempo en la costa rocosa en pequeños grupos.

Las islas Galápagos nunca dejan de asombrar…, por lo que no sorprenderá que haya pingüinos en ellas. Estas aves acuáticas no voladoras se encuentran generalmente en la helada Antártida y el gélido océano Antártico. Sin embargo, las Galápagos tienen su propia pequeña especie, el pingüino de las Galápagos, que llegó a esta parte más cálida del mundo.

Las Galápagos se extienden a ambos lados del ecuador, por lo que los pingüinos de estas islas son la única especie que vive en el hemisferio norte. En otros aspectos, estos pingüinos son como sus primos del sur. Sus alas rígidas en forma de aletas no sirven para volar, pero son perfectas para atravesar el agua en busca de un pez para comer.

La mandíbula superior es negra, pero la base de la mandíbula inferior es amarilla anaranjada, algo rosada a veces.

En tierra caliente

Aunque es un ave hecha para pasar largas horas nadando en agua fría, el pingüino de las Galápagos aguanta bastante bien el calor de la orilla seca y rocosa. Sin embargo, se oculta bajo tierra en los frescos tubos de lava y otros rincones, donde anida y cría a sus pequeños.

En agua fría

Con sus elegantes cuerpos en forma de torpedo, estos pingüinos están más cómodos en el agua. Sus plumas brillantes e impermeables atrapan burbujas de aire que los mantienen calientes y los ayudan a flotar en el agua, como si fueran chalecos salvavidas. Sin embargo, los pingüinos de las Galápagos rara vez se alejan mucho de la tierra, a diferencia de otras especies de pingüinos, que pueden pasar meses en el mar. Estas aves tropicales encuentran todo el sabroso pescado que necesitan a unos cientos de metros de la orilla y cada noche regresan a tierra para descansar.

Esta especie tiene plumas negras en la espalda y plumaje blanco en el pecho.

Mira dónde viven

Los pingüinos se encuentran principalmente en el lado occidental de las islas, donde el agua es mucho más fría.

Darwin
Wolf
Pinta
Isabela
Marchena
Genovesa
Santiago
Fernandina
Santa Cruz
Floreana
San Cristóbal
Española

Amenazados

El número de pingüinos de las Galápagos sube y baja regularmente debido a los cambios en el suministro de alimento. Durante El Niño hay menos comida, por lo que muchos pingüinos mueren de hambre. Después se recuperan en número, pero lentamente. Ponen dos huevos cada año, pero por lo general solo sobrevive un polluelo. Además, hay escasez de sitios adecuados para anidar. Los conservacionistas construyen refugios con lava, lo que ayuda a aumentar la población de pingüinos.

Albatros de las Galápagos

Es una de las aves más grandes que visitan las islas y pasa gran parte del año mar adentro, volando sin esfuerzo con sus amplias alas durante semanas. Se alimenta de peces y calamares, descendiendo a la superficie del agua para atraparlos con su pico largo y ágil.

Gaviota tijereta

Justo cuando otras gaviotas regresan a tierra al caer la noche, esta inusual ave se prepara para salir de caza. Es la única gaviota que come de noche. Se alimenta de cardúmenes de calamares y peces que suben a la superficie del mar en busca de alimento cuando oscurece.

Aves marinas

Un ave adulta pesa solo unos 3 kg, pero tiene una envergadura de 2,5 m.

Con nada más que océano en cientos de kilómetros en todas las direcciones, las islas Galápagos son un lugar de parada muy necesario para las aves marinas que buscan un sitio para descansar después de muchos días, o incluso semanas, en el mar.

Estas aves marinas pueden estar simplemente de paso. Otras, como el albatros de las Galápagos, llegan para reproducirse. También hay aves marinas que viven todo el año en las islas. Algunas de estas, como la gaviota tijereta y el petrel de las Galápagos, no se encuentran en ningún otro lugar. Los conservacionistas trabajan para proteger las zonas donde se reproducen las aves marinas en las islas y asegurarse de que estas raras aves volarán en las Galápagos durante muchos años.

Colonia de cría

Cada mes de marzo, miles de albatros de las Galápagos llegan a la isla Española, al sur de las Galápagos. Española e Isla de la Plata, una isla mucho más cercana a Ecuador, son los dos únicos lugares en la Tierra donde se reproducen estas grandes aves. Cada pareja reproductora pone un solo huevo al año.

Paíño de Elliot

Los paíños de Elliot suelen verse volando alrededor de las islas Galápagos, pero son un misterio, pues nadie ha encontrado aún dónde anidan.

Sus largas patas cuelgan hacia abajo durante el vuelo.

Petrel de las Galápagos

Esta ave marina se reproduce en los exuberantes bosques de altitud de las islas más grandes durante la temporada de lluvias. Anida en madrigueras. Lamentablemente, el petrel de las Galápagos ahora está en peligro de extinción, principalmente debido a las ratas invasoras, que se comen sus huevos y sus polluelos.

Las plumas de la cola miden 50 cm de largo, la misma longitud que el resto del cuerpo del ave.

Rabijunco etéreo

Los rabijuncos están perfectamente adaptados para volar por los cielos, a menudo lejos de tierra firme. Sus patas son tan débiles que en el suelo solo pueden arrastrarse, por lo que, para volar, les resulta más fácil dejarse caer desde una posición alta o un acantilado.

El saco queda plegado cuando no lo usa.

Las alas necesitan secarse entre un vuelo de pesca y otro.

Pelícano pardo

Esta gran ave piscívora no puede volar lejos de la costa. Aletea sobre aguas poco profundas en busca de peces. Cuando el pelícano ve alguna presa, se sumerge en el agua y recoge el pez en el saco de piel que tiene bajo el pico. Un pez moviéndose dentro del saco de un pelícano puede no ser un espectáculo agradable, ¡pero la técnica de caza de esta ave es muy efectiva!

Bien abierto

El saco de un pelícano pardo recoge agua en la que hay peces. Después el agua se drena del saco y el pelícano se traga su comida.

Terreno rocoso

Gran parte de la costa de las islas Galápagos está cubierta de roca gris formada por la lava fundida que brotó de los volcanes hace muchos años.

Un par de especies de ave de las Galápagos han logrado encontrar una manera de vivir y anidar en este hábitat. Las plumas monocromas de la garza enana son un buen camuflaje en las rocas de lava de color gris oscuro.

Cazadora de cangrejos en la orilla

La garza enana se encuentra únicamente en las Galápagos. A diferencia de la mayoría de las garzas, que cazan en el agua, la garza enana también encuentra comida en la orilla. Acecha cangrejos intermareales que se escabullen por las rocas oscuras.

Pico largo, pero resistente para agarrar presas.

Las plumas gris azuladas de las alas tienen destellos verdes y púrpuras.

Garza enana de las Galápagos

Esta pequeña ave zancuda vive en las rocas oscuras alrededor de las lagunas y en los bosques de manglares. Observa el agua en busca de peces y otras criaturas antes de zambullirse para atraparlos. Sus plumas gris azuladas son un buen camuflaje en su hogar de lava. Anida en lugares tranquilos entre matorrales junto al agua. En la temporada de reproducción, las patas de los machos se vuelven de color naranja brillante para atraer a las hembras.

Roca de lava

Anidadoras solitarias

Las gaviotas fuliginosas construyen sus nidos principalmente en playas arenosas o en la hierba seca. Son unas anidadoras solitarias y suelen hacer sus nidos a 100 m de distancia unos de otros. Los huevos de gaviota fuliginosa son oscuros y moteados y se camuflan bien en el entorno.

Ojos rojos con cejas blancas

Pico negro

El plumaje incluye varios tonos de gris.

Las plumas grises son difíciles de ver en las rocas oscuras.

Gaviota fuliginosa

Solo hay unas 800 gaviotas fuliginosas en el mundo, y todas ellas viven en las Galápagos. Eso las convierte en la especie de gaviota más rara de la Tierra. No se adentran mucho en el mar para alimentarse. Por lo general, obtienen lo que necesitan buscando trozos de comida en el campo de lava, capturando crías de lagarto en las rocas o pescando en estanques de roca. ¡Y también roban comida!

¡Al ladrón!

A veces, las gaviotas fuliginosas no necesitan encontrar su propia comida porque se la roban a otras aves marinas que regresan a casa después de salir a buscar alimento. ¡Pueden incluso robársela en el aire! También asaltan los nidos de otras aves en busca de huevos y polluelos.

Busardo

Este hermoso halcón, único de estas islas, es el ave rapaz más grande de las Galápagos. Es el principal depredador en la mayoría de las islas: ¡ningún animal terrestre está a salvo de sus ataques!

Este astuto halcón adapta su estrategia de caza en función de su presa. Por ejemplo, a mediados de año, los busardos se reúnen sobre el enorme cráter de La Cumbre, el volcán de Fernandina. Van allí en busca de sabrosas crías de iguana, que en esa época emergen de sus nidos en la arena. A pesar de sus habilidades como cazador, el busardo de las Galápagos es vulnerable y solo hay alrededor de 300 ejemplares de esta ave rapaz en la naturaleza.

Vista de halcón

Al igual que otros halcones, el busardo de las Galápagos busca presas mientras vuela lentamente. Cuando ve una posible víctima, se abalanza sobre ella para matarla, la pisotea y la remata con un mordisco de su pico ganchudo.

Comida de pájaros

El busardo de las Galápagos no es quisquilloso con la comida. Se alimenta de una amplia variedad de animales, como saltamontes, ciempiés gigantes, crías de tortuga gigante, culebras corredoras y ratas arroceras.

Ciempiés gigante de las Galápagos

Este monstruoso ciempiés de 30 cm de largo tiene un poderoso veneno, pero no es rival para el ataque por sorpresa de un busardo.

Langosta grande pintada

Este saltamontes grande y colorido se vuelve más abundante después de las fuertes lluvias.

Los adultos tienen una envergadura de aproximadamente 1,2 m.

La amplia franja de plumas de las alas permite un vuelo lento y controlado.

Darwin
Wolf
Pinta
Marchena
Genovesa
Isabela
Santiago
Fernandina
Santa Cruz
Floreana
San Cristóbal
Española

Mira dónde vive

El busardo de las Galápagos se encontraba en todas las islas, pero ahora está extinto en algunas, como San Cristóbal.

Ataque aéreo

Si bien el busardo prefiere presas en tierra, también atrapa pájaros en el aire. Una de las principales víctimas de sus ataques es la zenaida de las Galápagos. Esta ave, que solo se encuentra en estas islas, es un pariente menor de las palomas que vemos en ciudades de todo el mundo.

Búho rival

El busardo ha sido expulsado de San Cristóbal y Floreana por los humanos y su tarea en estas islas como máximo depredador ha sido asumido por el búho campestre. Esta ave suele ser un cazador nocturno, pero ahora también busca comida durante el día, ya que no hay rivales cerca.

Culebra corredora de las Galápagos

Para evitar que la serpiente se defienda con una mordedura venenosa, el busardo le arranca la cabeza con el pico.

Cría de tortuga gigante

El busardo captura crías de tortuga que acaban de salir del huevo.

Rata arrocera de las Galápagos

El busardo se alimenta de este mamífero autóctono, así como de las ratas introducidas en las islas por el ser humano.

Piqueros

Las islas Galápagos son famosas por estas grandes aves marinas buceadoras, con patas de colores brillantes y picos afilados. Los piqueros, emparentados con los alcatraces, se llaman en inglés *boobies*, nombre que proviene de la palabra española «bobo».

Estas aves quizá se ganaron este nombre por sus torpes aterrizajes. Son muy buenas voladoras, pero no son ágiles en tierra. Otra razón puede ser que son muy mansas y no temen a los humanos. A veces aterrizan en las cubiertas de los barcos lejos de tierra. En los tiempos de los barcos de vela, la tripulación hambrienta atrapaba piqueros para comerlos. Los marineros pensaban que eran demasiado estúpidos para mantenerse alejados del peligro.

Airbag protector

El piquero camanay tiene bolsas de aire en sus mejillas, lo que le ensancha la cabeza. Estas bolsas le ayudan a amortiguar el impacto con el agua cuando se lanza de cabeza al mar a capturar peces.

Las grandes patas palmeadas sirven para nadar bajo el agua.

Tirarse de cabeza

Los piqueros capturan peces en aguas profundas. Buscan presas muy por encima de la superficie del mar y luego se lanzan de cabeza al agua cuando ven una. Si no dan en el blanco a la primera, lo persiguen por el agua.

Danza de cortejo

Los piqueros camanay se aparean en cualquier época del año, generalmente cuando parece que habrá un buen suministro de comida para los polluelos. La reproducción comienza con una elaborada danza de cortejo.

Pisadas
En la danza de cortejo el macho da golpes en el suelo con sus patas palmeadas, primero una y luego la otra, de forma repetida. Esto muestra a la hembra que es agradable y tiene salud.

Pico abajo
Luego el macho inclina la cabeza, curvando su cuello largo y flexible hasta que su pico largo y puntiagudo queda presionado contra su pecho.

Las pupilas del macho son más pequeñas que las de la hembra.

Tres especies

Hay tres tipos de piqueros en las islas Galápagos. El más común es el piquero camanay, de patas azules, que anida en muchos lugares a lo largo de la costa rocosa de lava. Alrededor de un tercio de todos los piqueros camanay del mundo viven aquí. Las otras dos especies, el piquero patirrojo y el piquero de Nazca, se ven con menos frecuencia, pero también anidan en las islas.

Otros piqueros

Piquero patirrojo

Es la especie más pequeña. Se alimenta lejos de tierra en aguas ricas en peces por encima de los montes submarinos. Anida en un árbol.

Piquero de Nazca

Es la especie de piquero más grande. Tiene pico anaranjado y patas grises. Como su primo de patas rojas, también caza lejos de tierra.

Los adultos de ambos sexos tienen las patas azules.

Patas

El color azul de las patas de los piqueros camanay proviene de las sardinas que comen. Un ave sana tiene patas de un azul muy brillante.

Ofrece un regalo
A continuación, el macho agarra un palo o una piedra y se lo ofrece a su pareja. Ella lo toma con el pico y lo deja caer al suelo.

Mirando al cielo
El macho realiza después un paso de baile llamado «mirando al cielo». Apunta su pico hacia arriba mientras extiende sus alas y chilla.

La hembra se une
El piquero hembra se une al baile. Tras aparearse, pone dos o tres huevos. La pareja usa las patas para mantenerlos calientes antes de que eclosionen.

Perder el vuelo

Los antepasados del cormorán mancón podían volar,
como todas las demás especies de cormorán, y llegaron
a las Galápagos por el aire. Una vez aquí, empezaron a
usar cada vez menos las alas. No necesitaban huir del
peligro en estas islas, donde no hay depredadores. A los
individuos con las alas más pequeñas les resultaba más
fácil buscar comida bajo el agua, por lo que la especie
desarrolló gradualmente alas más débiles hasta que
perdieron la capacidad de volar.

Ojo azul brillante

Cuello largo
y flexible

Pico fuerte para
agarrar la comida

Las plumas de las
alas son demasiado
cortas para volar.

Cormorán mancón

Cuerpo grande y
fuerte para nadar

**Esta gran ave comedora de pescado es una razón
más para maravillarse ante la singularidad de las islas
Galápagos.**

El cormorán mancón no puede volar. No lo necesita, porque
no tiene depredadores naturales de los que escapar. Tampoco
necesita volar para alimentarse; lo que hace es sumergirse
en las profundidades del mar en busca de su alimento,
principalmente peces y pulpos. A consecuencia de ello, la
evolución ha hecho que sus alas sean pequeñas e inútiles.

Pies palmeados

Secándose al sol

A pesar de ser un ave acuática, las plumas del cormorán no son muy impermeables. Después de ir de pesca, el ave sale del mar con una serie de saltitos y brincos y extiende sus diminutas alas para secarlas al sol.

El cormorán mancón es el cormorán más pesado del mundo.

Nidificación

Los dos cormoranes reproductores bailan enlazando sus cuellos. Luego construyen con algas un nido en la orilla.

La hembra suele poner tres huevos y la pareja se turna para mantenerlos calientes. Los huevos tardan unos 35 días en eclosionar.

En el agua

La mayoría de las aves tienen grandes músculos pectorales para mover las alas, pero el cormorán mancón tiene fuertes músculos en las patas para impulsarse en el agua en inmersiones profundas. Su tren inferior pesa tanto que al nadar en la superficie solo su largo cuello y su cabeza sobresalen del agua.

Después de un par de meses, si todavía hay suficiente alimento en el mar, la hembra deja al macho, cría a los polluelos supervivientes y busca otra pareja con la que reproducirse.

Pies

El cormorán tiene cuatro dedos con una gruesa membrana de piel entre ellos. Bajo el agua, esta membrana convierte el pie en un remo.

La Isla de los Pájaros

Genovesa es una pequeña isla en el noreste del archipiélago de las Galápagos, famosa por la gran cantidad de aves que se reúnen en ella, y por eso se ha ganado el nombre de «Isla de los Pájaros».

Esta isla con forma de herradura tiene una gran bahía, acantilados escarpados y largas playas. Tierra adentro, hay campos de lava, tierras altas y un pequeño lago en un cráter. Su variedad de hábitats sustenta una rica diversidad de aves marinas, limícolas y terrestres. Algunas especies residen en ella durante todo el año, mientras que otras vienen a la isla solo para reproducirse.

Rabijunco etéreo

Albatros de las Galápagos

Búho campestre de las Galápagos

Paíño ventriblanco

Piquero de Nazca

Paíño de las Galápagos

Rabihorcado magnífico

Lago Arcturus

Playa Darwin

Bahía Darwin

Escalera del Príncipe Philip

Escalera del Príncipe Philip

Estos escalones empinados y rocosos que conducen al promontorio oriental de la bahía de Darwin atraviesan el corazón de una colonia de aves marinas de todo tipo; se pueden ver rabijuncos, paíños y rabihorcados, entre otras muchas especies.

Lago Arcturus

Este lago de cráter de agua salada, de unos 500 m de ancho y 30 m de profundidad, está en la parte más alta de Genovesa. Las iguanas marinas a veces suben desde la orilla del mar para alimentarse en el lago. Especies raras de pinzones de Darwin viven en los matorrales circundantes. Este hábitat de las tierras altas también es el hogar de la polluela de Galápagos, un ave terrestre que se alimenta de semillas e insectos.

Mira dónde está la isla

El nombre oficial de la Isla de los Pájaros es Genovesa. Es una de las islas lejanas y periféricas de las Galápagos.

Darwin
Wolf

Pinta
Isabela
Marchena
Genovesa
Santiago
Santa Cruz
Fernandina
Floreana
San Cristóbal
Española

Gaviota pipizcan

Lobo peletero de las Galápagos

Chorlitejo semipalmeado

Chorlitejo piquigrueso

Zenaida de las Galápagos

Martinete coronado

Pelícano pardo de las Galápagos

Pingüino de las Galápagos

Tiñosa boba

Garza enana de las Galápagos

Correlimos menudillo

Cigüeñela común

Piquero patirrojo

Reinita de manglar

Bahía Darwin

La gran bahía de la isla lleva el nombre de Charles Darwin, aunque este nunca pisó Genovesa. Esta ensenada protegida es un paraíso para animales marinos como tiburones y tortugas. La playa de arena coralina en la parte superior de la bahía se conoce como playa Darwin y es el lugar de descanso favorito de leones peleteros y leones marinos. La costa es un gran lugar para ver aves limícolas y gaviotas. Los turistas visitan la playa casi todos los días, pero nadie se queda más de unas pocas horas. No se permite a ningún ser humano vivir en la Isla de los Pájaros.

Proteger a los paseriformes

Más de 20 especies de aves que viven en las Galápagos están en grave peligro de extinción, incluidas casi todas las especies que se encuentran solo en las islas.

Muchos de los paseriformes (pequeños pájaros cantores) que viven en los diferentes hábitats terrestres de las islas están en peligro de extinción, entre ellos algunos de los sinsontes de las Galápagos y muchos de los pinzones de Darwin. Cada especie de ave se enfrenta a un conjunto único de amenazas, por lo que los conservacionistas tienen que idear un plan de supervivencia adaptado a cada una de ellas. Estos planes implican luchar contra las especies invasoras o no autóctonas y trabajar con la población local para proteger los hábitats.

Mosquero de San Cristóbal macho

Un paseriforme extinto

El mosquero de San Cristóbal, un pequeño paseriforme de solo 10 cm, se declaró extinto en 2016. La pérdida de hábitat probablemente jugó un papel importante en la extinción de este insectívoro de colores brillantes. A medida que se talaban los bosques de su área de distribución para crear tierras de cultivo y edificios, el alimento de las aves (los insectos) comenzó a desaparecer y la especie dejó de tener suficiente alimento para sobrevivir.

Volver a casa

No ha habido sinsontes de Floreana en la isla de Floreana desde 1888. Fueron exterminados por las ratas y los gatos que introdujeron los colonos. Ahora se están elaborando planes para reintroducir estas aves en la isla utilizando ejemplares criados a partir de sinsontes de Floreana que aún viven en los islotes de Champion y Gardner, cercanos a Floreana.

Recién llegado

El garrapatero aní fue llevado a las islas Galápagos en 1970 por agricultores que esperaban que se comiera las garrapatas que molestaban a su ganado. Pero esta ave no come garrapatas, sino que se da un festín de insectos. El garrapatero aní ha prosperado en las islas, pero a costa de las aves nativas, que tienen que competir con él por el alimento.

Tiene un gran pico para capturar saltamontes

Garrapata del ganado

Sinsonte de Floreana

Insectos invasores

¡Muchas de las aves en peligro de extinción en las Galápagos están siendo atacadas por moscas vampiro chupadoras de sangre! Estos insectos probablemente llegaron a las islas en frutas importadas en la década de 1960. Las larvas de esta mosca matan a los polluelos y están poniendo en peligro a varias especies. Se ha descubierto que estas moscas atacan a la golondrina de Galápagos, la única especie de golondrina de las islas.

Golondrina de Galápagos

Mosca vampiro

Las hojas de guayaba contienen un insecticida natural.

Pinzón de Darwin picomediano

Repelente de insectos

Algunos pinzones de Darwin, como el pinzón oliváceo, se frotan las plumas con hojas de árboles de guayaba. Esas hojas contienen sustancias químicas que ahuyentan a las moscas vampiro. Los conservacionistas también están proporcionando a las aves algodón cubierto de insecticidas. A los pájaros les gusta usar el algodón en sus nidos. De esta forma, los pollitos quedan protegidos contra las moscas dañinas.

Pinzón de Darwin oliváceo

A la guayaba de Galápagos también se la llama guayabillo.

Programa de cría

El pinzón de Darwin manglero es una de las aves más raras de las Galápagos: solo quedan unos 20 o 40 ejemplares. La Unión Internacional para la Conservación de la Naturaleza (UICN) evaluó los números en 2021 y concluyó que el pinzón manglero está en peligro crítico. En una colaboración internacional, los conservacionistas están criando estos pinzones para evitar que la especie se pierda para siempre. Al principio se hizo en un laboratorio, pero ahora se lleva a cabo en la naturaleza.

En las aguas que rodean las islas de Darwin y Wolf, en el noroeste del archipiélago, hay más tiburones que en cualquier otro lugar de la Tierra.

Vida marina

Los océanos alrededor de las islas Galápagos están repletos de vida salvaje. Aunque las islas son el hogar de algunos animales terrestres sorprendentemente inusuales, hay muchos más animales marinos que viven en las aguas frías que rodean las islas. Se pueden ver grandes bancos de peces, tiburones y los animales más grandes del mundo: las ballenas. La naturaleza volcánica de las islas también se puede apreciar en los fondos marinos de la región. Columnas de agua sobrecalentada y rica en minerales surgen de las fumarolas, creando un hábitat próspero para la vida en las turbias profundidades.

Tiburones de Galápagos, tiburones sedosos y tiburones oceánicos cazando peces.

Gusanos tubícolas gigantes

Estos gusanos tubícolas viven alrededor de los respiraderos hidrotermales en el fondo del océano. Obtienen sus nutrientes de las bacterias que habitan en su interior. Las bacterias son capaces de convertir los productos químicos del agua en alimentos.

Tiburón de las Galápagos

En las aguas de este archipiélago hay muchos tipos de tiburones, y entre ellos está el tiburón de Galápagos, que se alimenta de peces y pulpos.

Vida marina

Hasta hoy, se han encontrado casi 3000 especies de animales en las aguas de las islas Galápagos. Entre ellas están la ballena azul, el animal más grande que jamás haya existido, y un erizo de mar verde lima del tamaño de una pelota de pimpón.

Las aguas de las Galápagos están llenas de vida, ya que los animales se alimentan de los nutrientes que traen las corrientes de las profundidades del océano. La mayor parte del tiempo, hay abundante comida para todos en estas aguas frías y transparentes. En la parte más profunda, sin embargo, hay una comunidad de vida completamente diferente, centrada en torno a los chorros de agua muy caliente y rica en sustancias químicas que brotan del lecho marino. Incluso allá abajo, las islas Galápagos son increíblemente especiales.

Las puntiagudas aletas pectorales le sirven para nadar.

Mantarraya gigante

Esta enorme raya nada moviendo sus aletas arriba y abajo como si volara por el agua. Este monstruoso pez, con un peso de hasta 3 toneladas, es inofensivo para las personas.

Pez murciélago de labios rojos

Este pez con morritos está muy extendido en las aguas costeras de las Galápagos. Patrulla áreas de fondo arenoso «caminando» sobre sus aletas en forma de patas.

Lobo marino de las Galápagos

A esta pequeña especie de lobo marino, que solo se encuentra en las Galápagos, le gusta pasar el tiempo capturando peces. Después de comer, los lobos marinos vuelven a tierra para descansar y se echan la siesta en playas tranquilas o incluso en calles concurridas.

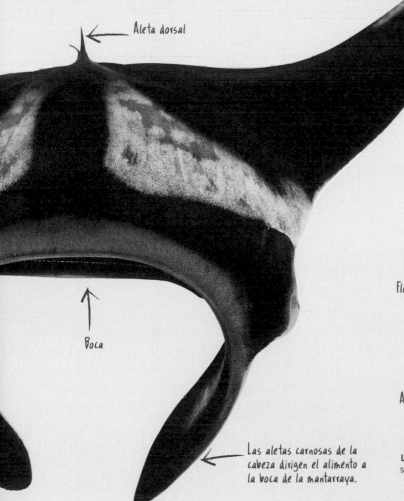

Aleta dorsal

Boca

Las aletas carnosas de la cabeza dirigen el alimento a la boca de la mantarraya.

Algas oceánicas

Las algas en la costa de las islas están adaptadas a la vida en diferentes hábitats submarinos. Las algas laminariales crecen en aguas turbulentas donde las olas chocan contra la orilla. En aguas profundas flotan erguidas, por lo que sus hojas pueden captar la mayor cantidad de luz posible en el agua en movimiento. Necesitan luz para generar su propio alimento. Por el contrario, la lechuga de mar es mucho más pequeña y se extiende por el lecho marino en aguas más tranquilas y claras con mucha luz solar. La lechuga de mar crece más cerca de la superficie, en rocas intermareales y en charcos en la roca.

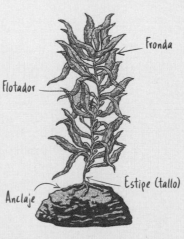

Fronda

Flotador

Anclaje

Estipe (tallo)

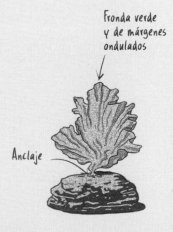

Fronda verde y de márgenes ondulados

Anclaje

Las laminariales pueden formar bosques submarinos y dar refugio a la vida marina.

La lechuga de mar es el alimento de muchos animales marinos.

Lobos marinos y lobos peleteros

Lobo peletero de las Galápagos

Pariente cercano del león marino de las Galápagos, esta especie más pequeña tiene un pelaje más largo y orejas más grandes. Caza de noche y captura peces y calamares cerca de la superficie del agua.

Las muchas calas de arena y playas tranquilas en las costas de las islas Galápagos suelen estar llenas de manadas de lobos marinos dormidos.

Tienen que salir arrastrándose del agua para descansar después de sus cacerías en busca de peces. Los machos alcanzan los 2,5 m de largo y pesan hasta 250 kg de peso, por lo que son, con diferencia, los animales más grandes de las islas. En las playas se les unen los lobos peleteros de las Galápagos, que tienen aproximadamente la mitad de tamaño.

Lobo marino de las Galápagos

Esta especie pasa días en el mar persiguiendo cardúmenes de sardinas. En tierra, el lobo marino camina sobre sus cuatro patas en forma de aletas, a diferencia de las focas, las cuales no tienen orejas y se desplazan por tierra reptando.

Diminuta oreja

Ojos grandes

Nariz sensible

Largos bigotes

Alimentación

Los lobos marinos son muy ágiles en el agua. Ven mejor bajo el agua que en tierra firme, y sus sensibles bigotes pueden captar las corrientes creadas por los peces cercanos. Esto les permite encontrar y atrapar comida en la oscuridad.

Amenazas

Los leones marinos deben estar atentos a los tiburones hambrientos y las orcas. Su mayor amenaza, sin embargo, es El Niño. Durante este cambio natural en el clima, que ocurre cada pocos años, el océano se calienta. Esto hace que la cantidad de peces disminuya rápidamente alrededor de las Galápagos. Con poca o ninguna comida, muchos lobos marinos, especialmente los jóvenes, mueren de hambre.

Grandes aletas

Los lobos marinos buscan alimento cerca de la orilla para evitar los tiburones y las orcas.

Amos de la playa

En la época de reproducción, los lobos marinos macho más grandes pasan todo el tiempo en la playa, cada uno defendiendo áreas de arena. Estos machos, a los que se llama «amos de la playa», atacan a otros machos que entran en su territorio y se aparean con las hembras que vienen a criar a sus cachorros en esa zona de la playa.

Cachalote

Esta ballena, el animal dentado más grande de la Tierra, puede verse cerca de las islas durante todo el año. Se sumerge en aguas muy profundas para atrapar calamares gigantes.

Delfín común

Estos delfines de tamaño mediano a veces viajan en grandes manadas, o grupos, que contienen cientos de individuos. A menudo se reúnen y cazan sobre los montes submarinos: colinas ocultas bajo las olas.

Ballena azul

La ballena azul, con un peso de 150 toneladas, es el animal más grande del mundo. Este titán del mar es un visitante habitual de las islas, donde se da un festín de krill y otros pequeños crustáceos.

Delfín mular

Este delfín de gran tamaño es el cetáceo más fácil de avistar desde las islas, ya que con frecuencia se acerca a la orilla. También le gusta nadar en la estela de las embarcaciones.

Delfín listado

El delfín listado, más oscuro que los demás delfines de las Galápagos, pasa la mayor parte del tiempo mar adentro. Tiene rayas negras y grises en la parte posterior y los costados, y su parte inferior es rosa o crema.

Ballenas y delfines

Las ballenas y los delfines pertenecen a un grupo de mamíferos marinos llamados cetáceos. Hasta 24 especies de cetáceos habitan o visitan las aguas de las Galápagos.

Algunas especies, como la orca y el delfín común, pasan todo el año, quizá toda su vida, en las aguas de estas islas. La mayoría de las ballenas y delfines, sin embargo, solo van de visita un corto tiempo, pasando por los amplios canales entre las islas en su camino a otro lugar. Uno de esos visitantes es la ballena más grande del mundo: la ballena azul.

Calderón gris

Este delfín atípico no tiene la boca puntiaguda en forma de pico como otros delfines. Viaja por las aguas costeras en grupos de pocas docenas y se alimenta de calamares.

Orca

Esta residente permanente de las Galápagos, también conocida como ballena asesina, a menudo se puede ver realizando el llamado espionaje, en el que la ballena asoma la cabeza verticalmente fuera del agua para ver dónde está.

Calderón tropical

Este cetáceo, que a veces se confunde con una orca, atraviesa las Galápagos en pequeños grupos mientras patrulla el océano abierto. Se sumerge en aguas profundas para encontrar calamares.

¿Quién sopla por allí?

Las especies de ballenas se pueden identificar por sus surtidores. Cuando una ballena sale a la superficie, exhala por el espiráculo de la parte superior de su cabeza. Cuando el aliento caliente se condensa en el aire, forma un chorro con una forma distintiva.

Zifio de Blainville

Esta ballena, visitante ocasional de las islas, parece un delfín gigante, pero no es un pariente cercano de los delfines.

Surtidor de la ballena azul

Este gigante produce una columna en forma de globo de hasta 6 m de altura que puede verse desde una gran distancia.

Surtidor del cachalote

El surtidor producido por esta ballena está inclinado y mide unos 3 m de altura.

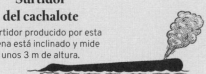

Surtidor de la orca

Esta ballena tiene un surtidor espeso y redondeado que permanece cerca de la superficie del agua.

Ecolocalización

Los delfines y otras ballenas dentadas utilizan un sistema de sónar conocido como ecolocalización para cazar y navegar. Emiten clics agudos, que resuenan en el fondo del mar y en otros animales de la zona. Los ecos son recibidos por la mandíbula inferior de los delfines, no por sus oídos. Usan la información de estos ecos para construir una imagen de lo que los rodea en el agua.

Nidos en la playa

Como todos los reptiles, las tortugas marinas respiran aire. Deben poner los huevos fuera del agua para que sus crías no se ahoguen al nacer. Las tortugas hembras salen del mar a las playas y ponen huevos en un nido, un agujero profundo en la arena. Las tortugas bebés, cuando nacen, corren por la playa hacia el mar. Las tortugas macho se quedan en el mar toda su vida. Las hembras, sin embargo, regresan de adultas a la playa donde nacieron. Allí ponen sus huevos y el ciclo continúa.

La parte superior del caparazón de la tortuga se llama espaldar.

La boca en forma de pico sirve para cortar alimentos.

Tortugas marinas

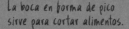

Las aguas cristalinas que rodean las Galápagos son visitadas por diferentes tipos de tortugas. La más común es la tortuga verde, y las islas tienen su propia subespecie, la tortuga verde de Galápagos, que solo se reproduce ahí.

Pasa gran parte de su tiempo en aguas poco profundas, como las lagunas costeras de las islas. Se la llama «verde» porque la grasa que tiene bajo el caparazón es de ese color. Antes las tortugas marinas eran ampliamente consumidas por los seres humanos, pero ahora están protegidas en muchas zonas. Estas tortugas son parientes lejanas de las tortugas gigantes que viven en tierra, pero se han adaptado magníficamente a la vida en el agua. La parte superior e inferior de su caparazón forma un elegante traje de buceo, y sus extremidades delanteras tienen forma de aleta para impulsarse a través del agua.

La parte superior del caparazón de la tortuga se llama espaldar.

Las tortugas marinas verdes pueden alcanzar los 1,5 m de largo.

La concha es amarilla en la parte inferior, llamada plastrón.

Visitantes ocasionales

Hay siete especies de tortugas marinas en el mundo. Además de las tortugas marinas verdes, que se quedan todo el año, otras tres especies son visitantes ocasionales de las islas Galápagos. Hasta donde sabemos, ninguna de estas visitantes se reproduce aquí.

Tortuga carey

Esta tortuga marina, un poco más pequeña que la tortuga verde, se alimenta sobre todo de esponjas. Ahora es muy rara, principalmente debido a que los seres humanos la cazan por su hermoso caparazón.

Tortuga laúd

Es la tortuga marina más grande, más aún que la tortuga gigante. Mide 2 m de largo e incluso más con las aletas delanteras extendidas. Las tortugas laúd se especializan en la caza de medusas.

Dieta mixta

La tortuga verde de las Galápagos cambia su dieta a medida que crece. Las jóvenes son en su mayoría carnívoras y se alimentan de cangrejos, medusas y otros pequeños animales marinos. Cuando se hacen adultas, se vuelven herbívoras y se alimentan sobre todo de hierbas marinas y de algas.

Tortuga olivácea

Esta tortuga de color verde oliva, de aproximadamente la mitad del tamaño de la tortuga marina verde, se alimenta principalmente de peces, crustáceos y otros animales pequeños.

Cangrejo rojo de roca

Es fácil ver a este cangrejo de colores brillantes escabulléndose por la escarpada costa de las islas Galápagos. Este gran cangrejo, que alcanza los 20 cm de ancho, tiene mucho éxito porque come casi cualquier cosa.

Al igual que otros cangrejos, el cangrejo rojo de roca respira mediante branquias. Las branquias de los cangrejos son especiales porque, además de servir en el agua, también funcionan en el aire, siempre que se mantengan húmedas. Esto permite a estos llamativos cangrejos pasar mucho tiempo en la orilla buscando comida.

La capa superior es de color amarillo brillante y naranja.

Las patas delanteras tienen pinzas.

Hacerse más brillante

Este cangrejo de ágiles patas es muy difícil de atrapar, por lo que no intenta esconderse y las marcas rojas, amarillas y azules de los adultos los hacen muy visibles. Sin embargo, un cangrejo rojo de roca joven debe tener más cuidado. Después de salir del cascarón, las diminutas larvas de cangrejo nadan en el agua y comen plancton. Cuando crecen lo suficiente como para hundirse hasta el fondo, el cangrejo bebé camina hacia la tierra. A esa edad es oscuro con manchas rojas, lo cual lo ayuda a camuflarse con las rocas. Para crecer, un cangrejo tiene que mudar su caparazón exterior duro. Cada vez que un joven cangrejo rojo de roca realiza una muda, el nuevo caparazón es un poco más colorido.

¿Caminar sobre el agua?

El nombre en inglés de este cangrejo («Sally pies ligeros», en español) es un pequeño misterio. La mejor explicación es que cuando el cangrejo corretea por aguas poco profundas, parece que camina sobre la superficie. Se mueve con «pies ligeros» y movimientos ágiles.

Superpoderes

Los cangrejos rojos de roca cuentan con un conjunto de habilidades que les permiten sobrevivir en las Galápagos.

Correr El cangrejo rojo de roca puede correr tan deprisa hacia atrás y hacia los lados como hacia delante.

Los cuatro pares de patas traseras le sirven para caminar.

Los cangrejos hembra transportan los huevos hasta que eclosionan.

Trepar Tiene garras en los extremos de sus patas. El cangrejo las usa para trepar sobre las rocas de la orilla. Incluso puede caminar hacia arriba por una pared vertical.

Cangrejo caníbal

Los cangrejos rojos de roca comen de todo, desde garrapatas arrancadas de la piel de una iguana marina hasta la placenta de un lobo marino. También se comen entre sí si no hay nada más disponible. ¡El camuflaje de los cangrejos bebés les ayuda a protegerse de los cangrejos mayores!

Saltar Los huecos entre las rocas no son una barrera para él. ¡Simplemente salta por encima y luego sigue corriendo!

Tiburón sedoso

Este tiburón de piel suave vive en las aguas tropicales de todo el mundo. Visita las Galápagos para alimentarse de peces, calamares y cangrejos.

Tiburones

Los tiburones siempre están rondando las costas de las Galápagos, y ocasionalmente pueden verse en sus oscuras aguas. Vienen atraídos por los peces y otras especies marinas que se congregan en estas fértiles aguas, enriquecidas por las corrientes oceánicas que traen un denso flujo de nutrientes.

Los tiburones existen desde hace más de 450 millones de años y están muy bien adaptados para cazar en el océano. Cada especie busca diferentes alimentos, desde los miles de millones de pequeños animales que forman el plancton y que flotan en el agua turbia hasta los crujientes erizos de mar del lecho marino.

Aleta dorsal larga y puntiaguda →

Tiburón de arrecife de punta blanca

Este tiburón de tamaño mediano rara vez se aleja de la costa rocosa. Durante el día duerme en cuevas submarinas y por la noche sale a cazar peces y pulpos.

Tiburón de las Galápagos

A pesar de su nombre, esta especie de 3 m de largo vive en todo el mundo. Se le puede encontrar siempre cazando en las aguas en torno a islas, a menudo muy remotas como las Galápagos.

Suño de Galápagos

Con solo 1 m de largo, este tiburón tiene una boca ancha y plana y grandes fosas nasales. Por la noche se alimenta de crustáceos en el fondo marino.

Tiburón gris

El tiburón gris nada lentamente la mayor parte del tiempo, pero puede alcanzar velocidades de 40 km/h cuando persigue a sus presas.

Los científicos estudian a los tiburones de las Galápagos con dispositivos que rastrean su recorrido por el océano.

Tiburón ballena

Este gigante, el pez más grande del mundo, puede alcanzar casi 19 m de largo y tiene miles de dientes, pero muy pequeños. A pesar de su tamaño, los tiburones ballena no cazan. Se alimentan de plancton, que filtran del agua de mar.

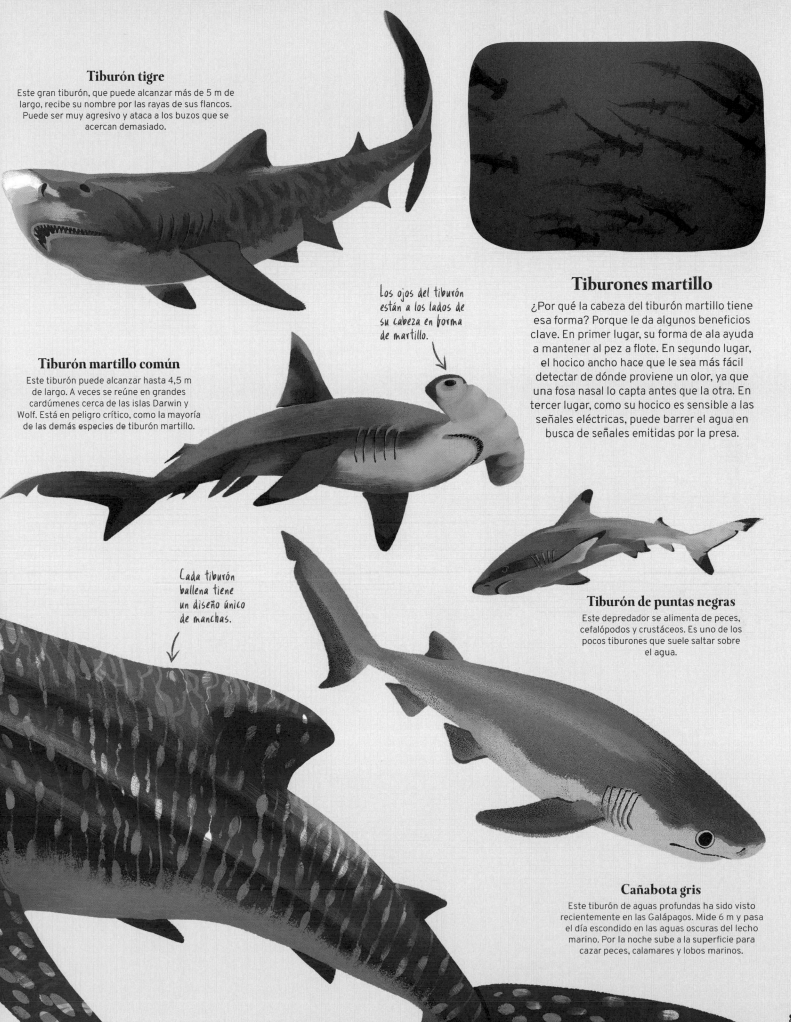

Tiburón tigre

Este gran tiburón, que puede alcanzar más de 5 m de largo, recibe su nombre por las rayas de sus flancos. Puede ser muy agresivo y ataca a los buzos que se acercan demasiado.

Tiburón martillo común

Este tiburón puede alcanzar hasta 4,5 m de largo. A veces se reúne en grandes cardúmenes cerca de las islas Darwin y Wolf. Está en peligro crítico, como la mayoría de las demás especies de tiburón martillo.

Los ojos del tiburón están a los lados de su cabeza en forma de martillo.

Tiburones martillo

¿Por qué la cabeza del tiburón martillo tiene esa forma? Porque le da algunos beneficios clave. En primer lugar, su forma de ala ayuda a mantener al pez a flote. En segundo lugar, el hocico ancho hace que le sea más fácil detectar de dónde proviene un olor, ya que una fosa nasal lo capta antes que la otra. En tercer lugar, como su hocico es sensible a las señales eléctricas, puede barrer el agua en busca de señales emitidas por la presa.

Cada tiburón ballena tiene un diseño único de manchas.

Tiburón de puntas negras

Este depredador se alimenta de peces, cefalópodos y crustáceos. Es uno de los pocos tiburones que suele saltar sobre el agua.

Cañabota gris

Este tiburón de aguas profundas ha sido visto recientemente en las Galápagos. Mide 6 m y pasa el día escondido en las aguas oscuras del lecho marino. Por la noche sube a la superficie para cazar peces, calamares y lobos marinos.

Vida en las profundidades

En 1979, un vehículo de inmersión profunda llamado Alvin se sumergió a 2600 m en una región volcánica del lecho marino al norte de las Galápagos.

¡Descubrieron un chorro de agua que salía del fondo del mar a 380 °C! Fue la primera fumarola hidrotermal conocida. Las bacterias que viven a su alrededor absorben los minerales que brotan y usan su energía para producir alimento, lo cual forma la base de la cadena alimentaria. Como productoras de alimento, estas bacterias son equivalentes a las plantas y algas que absorben la luz y crecen en la tierra y en los mares iluminados por el sol. Toda esta cadena alimentaria es independiente de la luz solar, ¡algo único en el mundo natural!

Las sustancias químicas en el agua forman una nube negra que parece humo.

Cangrejos

Los misteriosos cangrejos que viven alrededor de las fumarolas tienen pinzas peludas. Usan esos pelos para recolectar bacterias del agua, que se cree que son su alimento principal. Estos cangrejos también comen otros crustáceos del fondo del mar.

Gusanos tubícolas

Estos gusanos, que alcanzan 3 m de largo, son parientes lejanos de las lombrices de tierra. Si los tocan o si sienten alguna amenaza, cierran la abertura de su tubo para protegerse.

El agua fría se filtra por el lecho marino.

El magma calienta el agua en las rocas.

Fumarolas negras

Las fumarolas hidrotermales son como manantiales termales que brotan del fondo marino. El agua emergente está llena de sustancias químicas que forman nubes oscuras cuando entran en contacto con el agua fría. Por eso a estas fumarolas se las llama «fumarolas negras». El agua fría se filtra a través de las grietas del lecho marino. Se hunde hasta una increíble profundidad, donde el magma, muy por debajo del lecho marino, la calienta. La gran presión del peso del océano y de la roca evita que el agua hierva, pero esta se dispara hacia arriba y sale por las fumarolas.

El giro oceánico sobre el monte submarino ayuda a mantener los nutrientes en este lugar.

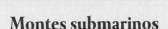

Corriente de superficie

La surgencia trae nutrientes desde el fondo marino.

Corriente submarina

ESTE DIAGRAMA NO ESTÁ A ESCALA

Moluscos

La primera fumarola hidrotermal encontrada en las Galápagos fue llamada «guiso de almejas», porque estaba lo bastante caliente como para cocinar moluscos. Sin embargo, en estas aguas prosperan unas almejas de aguas profundas amantes del calor.

Montes submarinos

El lecho marino alrededor de las islas Galápagos no es plano. Está cubierto de montes submarinos, antiguos volcanes sumergidos bajo la superficie del mar. Miden entre 100 y 3000 m de altitud. Las aguas que los rodean están llenas de vida. Las corrientes oceánicas llevan nutrientes del lecho marino hasta sus laderas. Esto atrae el plancton, que a su vez atrae peces, aves marinas y otros depredadores que se alimentan en las aguas que cubren estas cumbres ocultas.

Mejillones

En torno a las fumarolas de aguas profundas de las Galápagos viven los mejillones más grandes del mundo. Sus conchas pueden alcanzar los 40 cm; ¡aproximadamente el tamaño de una caja de zapatos!

← Los depósitos de sustancias químicas rocosas en el agua caliente se acumulan alrededor de las fumarolas y forman altas chimeneas.

Gusano de Pompeya

Estos gusanos peludos que viven en torno a las fumarolas negras tienen un nombre científico (*Alvinella pompejana*) que proviene de Alvin, el sumergible que descubrió las fumarolas.

Camarones de las fumarolas de Galápagos

Este camarón rosado probablemente se alimenta de las capas de bacterias que crecen en el lecho marino rocoso alrededor de las fumarolas.

Reserva marina

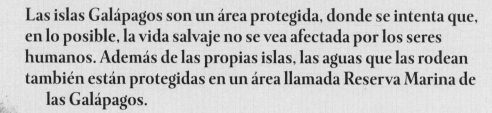

Las islas Galápagos son un área protegida, donde se intenta que, en lo posible, la vida salvaje no se vea afectada por los seres humanos. Además de las propias islas, las aguas que las rodean también están protegidas en un área llamada Reserva Marina de las Galápagos.

La reserva se estableció en 1978 y alberga casi 3000 especies de tiburones, tortugas, ballenas y muchos otros tipos de vida marina. Es un gran lugar para que los científicos estudien los animales marinos. La reserva cubre actualmente 133 000 km². Es una de las áreas oceánicas protegidas más grandes del mundo. En 2021, Ecuador anunció que aumentará el área de conservación en 60 000 km² adicionales.

Pinta

Genovesa

Isabela

Marchena

Santiago

Fernandina

Santa Cruz

San Cristóbal

Española

Floreana

■ Área del santuario

□ Límite de la reserva

Santuarios

La Reserva Marina de las Galápagos tiene varias áreas que forman santuarios. Estos lugares son hábitats importantes que necesitan protección especial y áreas de alimentación para los pingüinos y lobos marinos de las islas.

Zona de pesca

Solo los barcos ecuatorianos pueden pescar en una gran área alrededor de las islas llamada zona económica exclusiva. Hay esperanzas de que la reserva marina se amplíe para ocupar un área mayor.

■ Zona económica exclusiva

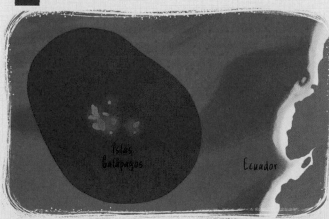

Islas Galápagos

Ecuador

Control de la pesca

Solo pequeños barcos de pesca con base en las islas Galápagos pueden pescar en la reserva. No se permite la entrada de grandes barcos de pesca «industrial». E incluso los barcos de pesca locales están prohibidos en las áreas del santuario.

Arrecife de coral

La Reserva Marina protege los frágiles arrecifes de coral que rodean las islas. Los principales arrecifes están cerca de las islas Wolf y Darwin. Solo unos pocos turistas pueden visitarlos cada año. Las reglas de la reserva establecen que no deben tocar el coral ni interferir en la vida de los animales, como por ejemplo las babosas de mar.

Babosa de mar
«cielo estrellado»

Proteger el lecho marino

La pesca de arrastre está prohibida en la reserva: esta destructiva forma de pesca utiliza redes para raspar el lecho marino y sacar todo lo que haya. Esta prohibición protege los frágiles hábitats del lecho marino y las criaturas que viven en él, como el pez murciélago.

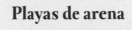

Manglares

Estos densos bosques que se adentran en el océano son refugios para animales salvajes como las garzas. Estas aves se alimentan de los peces que nadan entre las raíces submarinas de los manglares.

Playas de arena

Las tortugas verdes de las Galápagos utilizan las playas de arena para poner sus huevos. Este es el único lugar en el mundo donde estas tortugas ponen sus huevos, por lo que las playas deben protegerse cuidadosamente.

Costas rocosas

Las distintivas costas rocosas del archipiélago están hechas de lava que hace mucho se hundió en el mar. En estas costas viven algunas de las especies más emblemáticas de las islas, como la iguana marina, el pingüino de las Galápagos y el piquero camanay.

Hay alrededor de 600 especies de plantas nativas de las Galápagos ¡y otras 825 que han llegado con los humanos!

Plantas

La vida vegetal de las Galápagos es única. Hay solo 600 especies de plantas nativas de las islas (helechos y plantas con flores), pocas en comparación con las más de 20 000 del resto de Ecuador. Un tercio de las plantas de la isla no se encuentran en ningún otro lugar de la Tierra. Plantas que, en otras regiones, son pequeñas tienen parientes en las Galápagos que crecen hasta el tamaño de árboles. La selección natural ha transformado el pequeño conjunto de plantas de las islas en un ecosistema completamente funcional con selvas, bosques secos y páramos pantanosos.

Un bosque de Scalesia en las islas Galápagos.

Plantas

Las plantas son el fundamento de cualquier hábitat. Se encuentran en la base de las cadenas alimentarias: sus hojas, semillas y frutos proporcionan alimento para muchos de los insectos, reptiles y aves de las islas.

La mayoría de las islas Galápagos no están habitadas por seres humanos y se encuentran protegidas, lo que permite que los árboles, arbustos y otras plantas únicas de las islas continúen prosperando. El clima del archipiélago crea cinco hábitats principales o zonas vegetales. Cada zona recibe una cantidad diferente de lluvia, lo que sustenta una mezcla particular de plantas. Las regiones de tierras bajas, generalmente próximas al océano, suelen ser más secas que las áreas más altas o de tierra adentro.

Algodón de Darwin

Este gran arbusto, que crece en bosques secos lejos de la costa, puede alcanzar los 3 m de altura. Sus flores de color amarillo brillante son tan grandes como una mano. Aparecen después de una fuerte lluvia y producen semillas que se abren y revelan mullidas hebras de algodón. Las aves recogen esta pelusa y la utilizan como material para sus nidos.

Manglar

Bordeando la costa, allí donde el mar es tranquilo y poco profundo, crecen manglares en el agua.

Zona árida

Las secas tierras bajas, cercanas a la costa, están dominadas por los cactus y otras plantas que sobreviven con poca agua.

Zonas vegetales de las islas

Las cinco zonas vegetales diferenciadas de las islas están situadas a diferentes altitudes. Cada zona recibe una cantidad distinta de lluvia. Las laderas norte de las islas tienden a tener áreas secas más grandes que las laderas sur.

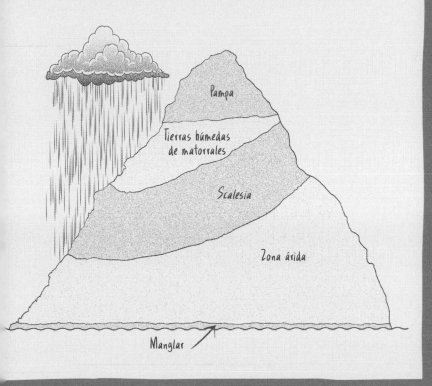

Pampa

Las áreas más altas reciben tanta lluvia que el suelo se vuelve pantanoso y anegado. Las hierbas, el musgo y los helechos arborescentes crecen bien en esta área, conocida como pampa.

Scalesia

En las laderas de las colinas del interior crecen bosques de *Scalesia*. Estos árboles son exclusivos de las islas Galápagos.

Tierras húmedas de matorrales

Más arriba, el bosque de *Scalesia* da paso a una densa y húmeda jungla de arbustos y helechos bajos.

Manglares

Mira dónde están

Este mapa muestra dónde hay manglares en las Galápagos.

Darwin
Wolf
Pinta
Isabela
Marchena
Genovesa
Santiago
Santa Cruz
Fernandina
Floreana
San Cristóbal
Española

Muchas de las playas y lagunas en las partes protegidas de la costa de las Galápagos albergan bosques de manglares, con árboles que crecen en el agua de mar.

Este hábitat está dominado por tres especies de árboles, conocidas como mangle rojo, mangle negro y mangle blanco, que ocupan los mares poco profundos y crecen sobre el agua. Los manglares son muy resistentes, pues son capaces de sobrevivir en el agua de mar. Los manglares de las Galápagos son antiguos y han crecido aquí durante muchos miles de años.

Mangle rojo

Hojas blancas

Al crecer sobre el agua de mar, los árboles de mangle blanco y de mangle negro deben hacer frente a una gran cantidad de sal. Las plantas se deshacen de la sal no deseada por la noche a través de agujeros en sus hojas, las cuales a menudo están cubiertas de blancos cristales de sal.

Plantas

94

Fruta flotante

Los frutos de los árboles de mangle blanco y mangle negro flotan. Cuando están maduros, caen al agua y llegan a la orilla. La fruta después germina y forma árboles de mangle. Cuando están completamente desarrollados, algunos manglares alcanzan alturas de 20 m.

Saladilla y monte salado

Saladilla

Célula

Agua salada

Saco de sal

Hojas carnosas

La hoja vieja se cae.

El agua y la sal se mueven hacia arriba.

La saladilla *(Batis maritima)* es otra planta de las Galápagos que soporta niveles muy altos de sal. El agua salada sube a través de sus raíces hasta sus hojas carnosas, cuyas células extraen la sal del agua y la almacenan en sacos. Las hojas más viejas finalmente contienen tanta sal que se caen. El monte salado *(Cryptocarpus pyriformis)* también es una planta tolerante a la sal.

Monte salado

Raíces aéreas

Los árboles de mangle tienen raíces leñosas que levantan las ramas y las hojas sobre la superficie del mar. Las raíces necesitan aire y, para conseguirlo, las de este árbol crecen por encima del agua. Estas raíces aéreas tienen agujeros para que el aire entre en el sistema de raíces.

Pepito colorado

Este gran árbol *(Erythrina velutina)* pierde sus hojas en la estación seca y permanece desnudo durante varios meses. Cuando vuelven las lluvias, le brotan flores de color fuego.

Las espinas afiladas evitan que los pájaros se posen en el cactus.

Plantas de la zona árida

En las islas más grandes de las Galápagos, la tierra entre la costa y las montañas suele ser árida. Esto es debido a que las nubes descargan la lluvia en las laderas y las áreas bajas más cercanas a la costa reciben poca agua.

Las zonas áridas son especialmente grandes en el lado norte de las islas. Esto se debe a que casi toda la lluvia cae en el lado sur de las tierras altas centrales. Las áreas del norte están en una «sombra de lluvia». Solo plantas como los cactus, que pueden almacenar agua durante largos períodos, pueden sobrevivir en las zonas áridas.

Chumbera de Galápagos

Este es el cactus más común y más grande de las islas. En algunos lugares alcanza los 12 m de altura. Las grandes palas carnosas son los tallos. El agua se almacena dentro del interior esponjoso de estos tallos carnosos y del tronco.

Romerillo

Para ahorrar agua, este arbusto *(Macraea laricifolia)* tiene hojas cortas y estrechas como agujas de pino. A diferencia de las hojas más grandes y planas de otras plantas, las hojas de esta margarita tienen una superficie mucho más pequeña con menos aberturas diminutas a través de las cuales puede escapar el agua.

Comida con pinchos

El cactus es una importante fuente de alimento para las iguanas terrestres y las tortugas gigantes. Se comen los tallos y los frutos. Los pinzones de los cactus se alimentan de las flores y las semillas. En las islas donde no hay animales que se alimentan de cactus, ¡los higos chumbos tienen menos espinas!

Peralillo

Este árbol alto y delgado *(Vallesia pubescens)* tiene hojas de color verde brillante y flores blancas que producen bayas blancas y ovaladas parecidas a perlas.

Cactus de lava

Esta es la especie de cactus más pequeña de las islas, y mide unos 60 cm. Como su nombre indica, el cactus de lava crece en los campos de lava de la zona árida. Forma grupos de tallos llenos de púas que tienen hasta 2 m de ancho.

Cactus candelabro

Este cactus, de hasta 9 m de altura en algunas islas, recibe su nombre por la forma en que se ramifica hacia los lados, que lo asemeja a un candelabro. El cactus está hecho principalmente de un tronco grueso y esponjoso. Las hojas se reducen a las diminutas espinas que lo protegen de los animales hambrientos.

Espino del desierto

Este pequeño arbusto puntiagudo *(Lycium minimum)* llena los espacios que dejan plantas más grandes. Las hojas estrechas crecen alrededor de las ramas de la planta, que terminan en una punta afilada. Después de las lluvias, el espino del desierto florece y produce bayas rojas.

Scalesia

Los bosques que cubren las colinas de las Galápagos están formados por árboles inusuales del género *Scalesia*, llamados lechosos.

A pesar de tener troncos altos y robustas ramas leñosas, los lechosos no están relacionados con ningún árbol de otras partes del mundo. Han evolucionado a partir de pequeñas plantas arbustivas emparentadas con las margaritas, las caléndulas e incluso las lechugas. Las semillas de los ancestros de los lechosos probablemente llegaron a las islas Galápagos gracias a las aves.

Mira dónde están

Este mapa muestra las islas donde crece el tipo principal de especies de árboles de *Scalesia*.

Lechoso

Las tres especies de árboles *Scalesia* evolucionaron en competencia por la luz solar. Ninguna otra planta que pudiera sobrevivir en las laderas rocosas y secas de las Galápagos creció tanto. Una planta que pudiera crecer lo suficiente dejaría a las demás en la sombra.

Plantas

98

Vida y muerte

Los bosques de *Scalesia* crecen según un ciclo. En los períodos húmedos, crecen más rápido. Los árboles tardan unos 15 años en alcanzar 10 m de altura. Al acercarse El Niño, el crecimiento se ralentiza y los retoños de *Scalesia* brotan en el suelo. Con la sequía los árboles más viejos y altos mueren, y su lugar lo ocupan los brotes al llegar las siguientes lluvias.

Período húmedo

3 m

El Niño, seco

10 m

Período húmedo

Árboles muertos

Los brotes reemplazan a los árboles muertos.

Plantas sobre plantas

Los bosques de *Scalesia* están llenos de plantas epífitas, que crecen sobre otras plantas. Se valen de plantas altas para captar más luz solar.

El musgo es una planta epífita común en los árboles de *Scalesia*. Los musgos tienen cuerpos simples. Absorben agua a través de sus diminutas hojas, ya que no tienen raíces.

Esta **orquídea colgante** *(Epidendrum spicatum)* es una de las principales plantas epífitas de las islas. Sus raíces cuelgan de los troncos de los árboles y captan humedad del aire y de la corteza.

Entre los organismos que crecen en las plantas, están los **líquenes**, que en realidad no son plantas, sino un tipo de hongos que tienen un alga viviendo dentro. El hongo da al alga un espacio habitable y el alga alimenta al hongo.

Tierras de matorrales

En las tierras altas de las islas más grandes, el aire es muy húmedo. La humedad es ideal para muchas de las plantas de las islas, que crecen juntas en una zona de matorrales húmedos.

Cuando el aire lleva demasiada humedad, el agua que contiene se condensa (pasa de gas a líquido) y cae en forma de lluvia. La lluvia y la humedad sostienen una exuberante tierra de matorrales que crecen todo el año. Los árboles altos de *Scalesia* que crecen más abajo se vuelven más raros a medida que son reemplazados por espesos arbustos y helechos.

Zona de cacaotillo

Santa Cruz y San Cristóbal, dos de las islas más antiguas, tienen una zona arbustiva particular compuesta en su mayoría por una planta llamada cacaotillo *(Miconia robinsoniana)*. Sus flores tiñen de rosa las laderas altas, y en épocas de sequía las largas hojas verdes de la planta se vuelven de color rojo oscuro.

Zona marrón

Hay otra zona en las Galápagos llamada «zona marrón». Es mucho más pequeña que las otras zonas y recibe su nombre porque de lejos parece de ese color. Esto se debe a las plantas epífitas, los musgos y los líquenes que cuelgan de las ramas de los árboles y algunos arbustos. Las epífitas también se llaman «plantas de aire» porque obtienen humedad directamente del aire. Las brumosas laderas de las tierras altas de las Galápagos son un lugar ideal para ellas.

Invasor a cámara lenta

Las plantas nativas de los matorrales húmedos de Santa Cruz están siendo invadidas por el árbol de la quinina, el quino. La planta se introdujo en 1946. Produce semillas mucho más deprisa que las plantas nativas y crece más alto, robándoles la luz.

Pampa

En las cimas de las colinas más altas de las islas hay una zona vegetal llamada «pampa». Esta palabra proviene del quechua y significa «llanura».

Las plantas que crecen en la pampa son en su mayoría hierbas, juncos y helechos. Esta zona vegetal es el hábitat terrestre más húmedo de las islas. Las plantas pequeñas se adaptan mejor a las condiciones húmedas. Pocos árboles y arbustos crecen aquí porque sus raíces no pueden hacer frente al suelo poco profundo y anegado.

Helecho arbóreo

Las plantas más altas de la pampa son los helechos arborescentes de Galápagos, que pueden alcanzar 3 m de altura. Los helechos a menudo crecen en grietas, sumideros y cráteres en las cimas de las colinas.

Líquenes

Muchos de los líquenes de las islas crecen en la pantanosa pampa. Los líquenes no son plantas, sino hongos que tienen algas microscópicas viviendo dentro. Las algas fabrican su propio alimento mediante fotosíntesis (como las plantas) y lo comparten con los hongos. A cambio, los hongos proporcionan a las algas un hogar seguro.

Húmeda y salvaje

Durante la estación cálida en las islas, la pampa
no es un lugar soleado y agradable. Llueve mucho
casi todos los días; cada año caen unos 2,5 m
de lluvia. Durante la estación seca, la llovizna
brumosa proveniente de la corriente de Humboldt
hace que la pampa sea aún más húmeda que en
la estación húmeda.

2,5 m

Junco de las Galápagos

La pampa es el hogar de algunas plantas muy
resistentes, entre ellas el junco de las Galápagos
(*Cyperus anderssonii*). Se parece a la hierba, pero
tiene un tallo triangular en lugar de redondo y un
tipo de flor diferente. A menudo vive en lugares
húmedos con suelos pobres, donde otras
plantas no sobreviven.

Un pájaro de suelo

La pampa es el hogar de la polluela de las Galápagos.
Esta pequeña ave, que no vuela bien, vive en el suelo y
se alimenta de insectos y semillas que encuentra entre
la maleza. Los depredadores introducidos, como ratas
y gatos, la han aniquilado en otros hábitats de las
islas, y la pampa salvaje es ahora el único lugar
donde sobrevive.

Tomates de las Galápagos

Las islas Galápagos tienen muchas plantas extrañas y exóticas, como cactus que brotan de la lava y árboles-margarita gigantes. Algunas plantas nativas, sin embargo, son sorprendentemente familiares: ¡como los tomates de las Galápagos!

Hay dos especies de plantas de tomate únicas en las Galápagos. Los científicos estiman que evolucionaron a partir de una especie de tomate que llegó desde el continente sudamericano hace menos de medio millón de años. Por desgracia, estas dos especies silvestres ahora están amenazadas por una especie de tomate no autóctona traída a las islas por los agricultores.

Solanum galapagense

Esta especie de tomate de las Galápagos produce pequeños frutos anaranjados del tamaño de cerezas. Los sépalos verdes alrededor de la parte superior de la fruta son muy largos.

Sépalos largos

Los tomates tienen pequeños pelos.

Salvajes y sabrosos

Las dos especies de tomate de las Galápagos se hallan en todas las islas principales. Son uno de los alimentos favoritos de los pinzones y las tortugas, que esparcen las semillas de la planta a nuevos lugares con sus heces. En las islas no hay muchos insectos polinizadores que transmitan el polen entre las flores de tomate, pero las flores de las especies de las Galápagos pueden autopolinizarse, es decir, pueden producir semillas sin la ayuda de polinizadores.

Plantas

Pequeño y amarillo

Los tomates silvestres crecen principalmente en áreas entre las zonas áridas secas y los bosques de lechoso. Se encuentran en casi cualquier lugar donde haya mucho sol y suficiente agua. Las plantas se ven a menudo en laderas empinadas y rocosas muy por encima del mar, donde el agua de lluvia se filtra desde un terreno más alto.

Solanum cheesmaniae

Esta especie nativa se llama tomate de las Galápagos. Produce frutos pequeños y amarillos del tamaño de uvas.

Sépalos cortos

Fruto liso

Los tomates de las Galápagos son resistentes a plagas que atacan a otros tomates.

Otras frutas

Las cálidas condiciones de las Galápagos son perfectas para el cultivo de una gran variedad de frutas tropicales. Hay tipos únicos de guayaba y maracuyá silvestre (arriba). Muchas plantas frutales introducidas, como plátanos, aguacates y naranjos, también crecen en las islas, en jardines y granjas. Sin embargo, la mayoría de la fruta y la verdura que se comen en las islas llegan en barco desde Ecuador. Desafortunadamente, algunas de estas especies han entrado en la naturaleza y están reemplazando a las plantas nativas.

Las plantas de tomate crecen en las laderas rocosas de las costas de las Galápagos.

El invasor ataca

Un tomate «cherry» silvestre del continente de América del Sur, conocido como «tomate pasa», se ha introducido en las tierras salvajes de las Galápagos. Esta especie no solo se está imponiendo en algunas áreas, sino que también se está cruzando con las especies nativas, creando plantas de tomate híbridas.

Proteger las plantas

La vida silvestre de las islas Galápagos está siendo atacada, especialmente las plantas, que están siendo invadidas por especies foráneas.

Algunas de ellas fueron introducidas por agricultores que querían cultivar alimentos. Otras llegaron por accidente en cargamentos importados. Muchas se han extendido a la naturaleza del Parque Nacional de las Galápagos, donde crecen más rápido que las plantas nativas. El proceso es más lento que con los animales invasores, pero las plantas introducidas están cambiando las islas. ¡Hay que detenerlas! En la página siguiente puedes obtener más información sobre las plantas nativas amenazadas.

Quino rojo

Este árbol de crecimiento lento (*Cinchona pubescens*) fue llevado a las islas para hacer quinina, una medicina contra la malaria. Ahora se está extendiendo por los bosques húmedos.

Desenraizar a los invasores

La mejor defensa contra las plantas no deseadas es sacarlas de raíz para que no se propaguen más. Este es un trabajo difícil que puede llevar muchos años. Los conservacionistas de las islas se están enfocando primero en las plantas más dañinas.

Lantana

Este gran arbusto produce bonitas flores. Lo plantaron los jardineros en las principales ciudades de las islas, pero ahora ha escapado a los bosques húmedos.

Cedro americano

Los primeros colonos plantaron estos grandes árboles para usar su madera en la construcción de barcos y casas. Hoy estos cedros están reemplazando al lechoso, especialmente en Santa Cruz.

Mora de monte

La mora de monte (*Rubus niveus*), pariente silvestre de la frambuesa y originaria del Himalaya, se introdujo por su fruto y por su matorral de rápido crecimiento, que se usaba para hacer cercas. Ahora crece en espesas matas que desplazan a las plantas nativas.

Pasto elefante

Los primeros granjeros plantaron esta hierba resistente y de rápido crecimiento (*Pennisetum purpureum*) como alimento para sus rebaños. Hoy está haciendo desaparecer a la nativa hierba pata de pájaro.

Antiguo helecho arbóreo

Los helechos son plantas antiguas. Llevan creciendo en la Tierra mucho más tiempo que las coníferas y las plantas con flores. Los primeros bosques del mundo estaban llenos de helechos gigantes, conocidos como helechos arbóreos. Todavía quedan varios cientos de especies de helechos arbóreos, pero la mayoría están amenazados por la pérdida de hábitat y otros problemas causados por las actividades humanas. Las Galápagos tienen su propio helecho arborescente, pero los quinos invasores los están expulsando de su hábitat en las húmedas tierras altas.

Al borde de la extinción

Una especie de lechoso, *Scalesia atractyloides*, se creía aniquilada por las cabras hambrientas. En 1995, sin embargo, se encontraron cinco de estos árboles creciendo en la pared rocosa de un antiguo cráter en la isla de Santiago. Ni siquiera las cabras podían llegar allí. ¡El árbol estaba al borde de la extinción!

Plantas nativas

Charles Darwin escribió que muchas de las plantas de las Galápagos eran «hierbajos de aspecto miserable». En esto estaba equivocado. Si se sabe dónde buscar, las islas albergan algunas plantas con flores pequeñas pero hermosas, y muchas de ellas necesitan hoy protección. Los helechos arbóreos nativos deben cuidarse, ya que también están amenazados.

Calandrinia

Estas hermosas flores rosadas brotan en un arbusto de aspecto larguirucho (*Calandrinia galapagosa*). La planta se encuentra solo en las Galápagos y está en grave riesgo de extinción en estado natural.

Margarita de Darwin

Este pequeño girasol, apodado «margarita», se encuentra solo en la isla de San Cristóbal. Tiene un pariente cercano llamado margarita de FitzRoy que se encuentra en Española y lleva el nombre de Robert FitzRoy, el capitán del *Beagle*.

Tiquilla

La tiquilla (*Tiquilia galapagoa*), rastrera y de hojas grises y peludas, alfombra áreas planas y secas. Después de la lluvia produce una masa de diminutas flores blancas que constituyen un importante alimento para las lagartijas de lava.

Las islas se registraron por primera vez como Galápagos en un mapamundi de 1570.

Vivir y conservar

Las islas Galápagos son un museo vivo de historia natural. Personas de todo el mundo visitan el archipiélago. Van allí a experimentar las maravillas de la naturaleza y a ver por sí mismas las increíbles formas en que la vida se adapta y evoluciona para sobrevivir. Sin embargo, la vida salvaje de estas islas lleva mucho tiempo bajo presión por las actividades humanas. Hoy, los visitantes y los residentes del archipiélago están aplicando nuevas formas de restaurar los hábitats dañados y de vivir en armonía con la naturaleza.

Sombras de turistas en la isla Bartolomé, Galápagos.

Exploradores

Durante la mayor parte de su historia, las islas Galápagos no fueron tocadas por humanos. Finalmente, los exploradores llegaron hace unos 500 años y las cosas comenzaron a cambiar.

Dañar la naturaleza

Los primeros visitantes de las Galápagos causaron mucho daño a la vida salvaje. Llevaron a la extinción a algunas especies de tortugas (ver los caparazones vacíos arriba) y las islas nunca se han recuperado del todo.

Vivir y conservar

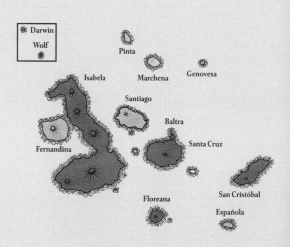

Las islas Galápagos no son solo un lugar salvaje lleno de plantas y animales. También hay unas 30 000 personas viviendo en ellas.

Los residentes humanos de las islas, sin embargo, se esfuerzan en vivir junto a la naturaleza sin dañarla. De hecho, muchos de los isleños, conocidos como galapagueños, tienen empleos que ayudan a proteger y preservar las maravillas naturales de sus islas. Todavía hay mucho trabajo por hacer. Los seres humanos llevan unos 200 años viviendo en las islas y han cometido muchos errores a lo largo del tiempo. Hoy, las plantas y los animales nativos sufren el ataque de especies invasoras que han sido traídas de fuera de las islas. La carrera ha comenzado para erradicar a estos invasores.

Islas habitadas

Solo cinco de las islas Galápagos están habitadas: Isabela, Floreana, San Cristóbal, Santa Cruz y Baltra. La gente visita las otras islas, pero no se les permite permanecer en ellas mucho tiempo.

Ciencia

Gracias a Charles Darwin, las islas han sido durante mucho tiempo un centro mundial de investigación científica. Científicos e investigadores pasan mucho tiempo estudiando la naturaleza en las Galápagos.

Conservación

Las Galápagos necesitan una labor de conservación y de cuidado. Existen muchos programas para proteger sus hábitats terrestres y oceánicos.

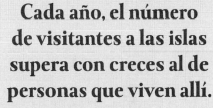

Turismo

La principal fuente de ingresos de las Galápagos es el turismo. La gente va a maravillarse con sus famosos animales y a disfrutar del hermoso paisaje y del clima tropical. Todos los visitantes llegan en avión desde Ecuador continental. La industria turística de las islas genera mucho dinero para el país. Sin embargo, ahora son tantos los turistas que visitan las islas que se corre el peligro de destruir las maravillas naturales que han ido a ver.

Cada año, el número de visitantes a las islas supera con creces al de personas que viven allí.

Paraíso pirata

Las islas Galápagos fueron descubiertas en 1535 cuando un barco español que navegaba de Panamá a Perú fue arrastrado lejos de la costa por corrientes oceánicas.

A bordo del barco se encontraba el obispo de Panamá, fray Tomás de Berlanga. Él y parte de la tripulación desembarcaron en busca de agua. Fueron las primeras personas en pisar las islas Galápagos, que sepamos. Berlanga no quedó muy impresionado. Describió las islas como un lugar donde «Dios había hecho llover piedras». Sin embargo, tomó nota de la extraña vida salvaje e informó de que los pájaros no tenían miedo y se le posaban en las manos.

Base pirata

En el siglo XVII, las Galápagos se habían convertido en una base de piratas ingleses y holandeses. Los piratas se escondían en las islas esperando a tender una emboscada a los barcos españoles que transportaban oro y otros tesoros por el océano Pacífico. Los piratas capturaban tortugas gigantes para comer, manteniéndolas vivas en sus barcos como suministro de carne fresca para los viajes largos.

Islas Encantadas

En 1546, el capitán Diego Rivadeneira encabezó una expedición a las islas. Las llamó «Islas Encantadas», pues a veces desaparecían en la niebla y eran difíciles de alcanzar porque las corrientes alejaban a sus barcos. Se preguntó si las islas flotaban en el mar y se desplazaban de un lugar a otro.

La Cala de los Bucaneros, en la isla de Santiago, fue un refugio de piratas.

Los incas

Según la leyenda, el emperador inca Túpac Yupanqui dirigió un viaje de descubrimiento a las Galápagos a finales del siglo XV, antes de que los exploradores europeos llegaran a las Américas. Los incas gobernaron la costa occidental de América del Sur hasta que llegaron los invasores españoles en el siglo XVI. Los incas construían barcos atando fajos de juncos.

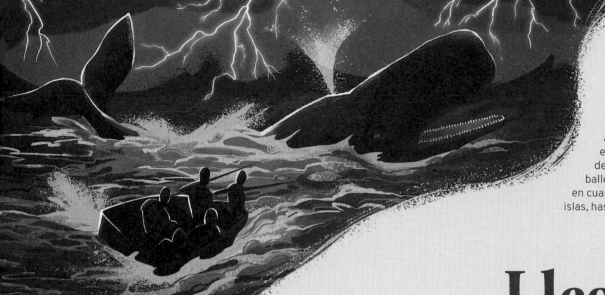

Cazadores de ballenas

El aceite elaborado con grasa de ballena era un producto valioso en el siglo XIX. Barcos balleneros de todo el mundo navegaban las aguas alrededor de las islas Galápagos porque eran un refugio para muchas especies de ballenas. Las tripulaciones de los balleneros también desembarcaban de vez en cuando para cazar lobos marinos de las islas, hasta que casi los aniquilaron.

Llegan los colonos

La primera persona que vivió en las Galápagos fue un marinero irlandés llamado Patrick Watkins. En 1807 su barco zarpó sin él de la isla de Floreana y tuvo que sobrevivir solo durante dos años. No tardaron en llegar muchos otros colonos que se instalaron en las islas de manera permanente.

En ese momento, el gran negocio de los marineros en el océano Pacífico era la caza de ballenas. Las Galápagos eran un lugar importante para ganar dinero y los países se peleaban para controlar el área. Las tripulaciones balleneras comenzaron a utilizar las Galápagos para descansar y reabastecerse. Así, los seres humanos empezaron a pasar cada vez más tiempo en las islas.

Oficina de correos

A principios del siglo XIX, se instaló un buzón de correos en Floreana. Los marineros que extrañaban su hogar dejaban cartas en su interior para que otras tripulaciones las llevaran a Europa o América del Norte. Desde entonces, la caja original ha sido reemplazada y solo la usan los turistas.

La verdadera Moby Dick

En 1818, balleneros estadounidenses encontraron enormes manadas de cachalotes cerca de las islas. El aceite de estas grandes ballenas se usaba para las lámparas de aceite. No olía al quemarse y daba una luz más brillante que otros aceites. Era el mejor aceite de ballena, pero los cachalotes eran difíciles de atrapar. En 1820, el ballenero *Essex*, de Nueva Inglaterra, fue hundido por un cachalote gigante cerca de las islas. Esto inspiró el libro *Moby Dick*, de 1851, sobre el enfrentamiento entre el capitán de un barco y un feroz cachalote.

¿Una vida mejor?

En la década de 1920, colonos de Noruega llegaron a las Galápagos con la esperanza de una vida mejor. Iniciaron un asentamiento en Puerto Ayora, en Santa Cruz. Sin embargo, no se quedaron muchos, pues se sintieron decepcionados por la falta de posibilidades de las islas. En la década de 1930, la población de las Galápagos comenzó a crecer. Algunos colonos europeos, en su mayoría de Alemania, llegaron a las islas con la idea de crear una sociedad perfecta. ¡Entre ellos había un dentista que no usaba ropa y solo comía alimentos crudos! Por desgracia, murió por intoxicación alimentaria. Una de las recién llegadas proclamó que era la emperatriz de Floreana y quiso construir un hotel. Un día desapareció y no se la volvió a ver en las Galápagos.

Islas ecuatorianas

En 1832, Ecuador reclamó las islas Galápagos como parte de su país. Los primeros asentamientos ecuatorianos fueron en las islas de Floreana y San Cristóbal. Eran prisiones para soldados rebeldes que habían intentado hacerse con el control de Ecuador. Los prisioneros talaron bosques y construyeron granjas, pero su vida era tan penosa que atacaban con frecuencia a los guardias. Las cárceles fueron cerradas después de 20 años.

Muro de las Lágrimas

En 1944, se instaló otra prisión en Isabela. Para tener ocupados a los prisioneros y evitar que conspiraran para escapar, se los obligó a construir un muro de piedra. Tras 15 años de trabajo, el Muro de las Lágrimas tenía 100 m de largo, 6 m de alto y 3 m de ancho. Muchos presos murieron durante su construcción.

Galapagueños

Los habitantes de las islas Galápagos reciben el nombre de galapagueños. Los pueblos y las granjas donde viven constituyen solo el 3 por ciento de la superficie total de las islas. El 97 por ciento restante es el Parque Nacional de las Galápagos, que se estableció en 1959 como santuario para la vida salvaje.

La ciudad más grande de las Galápagos es Puerto Ayora, en Santa Cruz. Hay una base militar en la isla Seymour Sur, más comúnmente llamada Baltra, que fue utilizada por la Fuerza Aérea de Estados Unidos en la Segunda Guerra Mundial, pero ahora está a cargo del Gobierno ecuatoriano. La capital de las islas es un pequeño pueblo llamado Puerto Baquerizo Moreno, en San Cristóbal. Las principales industrias son el turismo y la pesca.

El ganado principal es el vacuno y el avícola.

Los caballos fueron llevados a las islas por los colonos.

Cultivos

Las tierras de cultivo en las Galápagos se utilizan de manera eficiente. Se tiene cuidado para garantizar que los cultivos y el ganado no dañen las áreas silvestres. Este mapa muestra los tipos de cultivo que se llevan a cabo en la isla de Santa Cruz.

Santa Cruz

La madera se usa para la construcción y se extrae de bosques gestionados.

Fruta y verdura

El café en grano se puede vender al extranjero.

- Ganado
- Madera
- Construcción
- Café
- Horticultura

Es probable que en los próximos años aumente el número de habitantes de las Galápagos.

Pesca

Muchos galapagueños trabajan en la industria pesquera, pero, como las aguas en torno a las islas son una reserva marina, no pueden hacer capturas muy grandes. Esto garantiza que haya peces para los pingüinos, lobos marinos y otros animales.

Comida y cultivos

La agricultura está permitida en las islas de Santa Cruz, Isabela, San Cristóbal y Floreana. No obstante, como no se producen suficientes alimentos para alimentar a todos los isleños y a los visitantes, regularmente se envían suministros adicionales desde el Ecuador continental.

Suministro de agua

El agua del grifo en Santa Cruz e Isabela es agua salobre tratada que se encuentra en lugares donde el agua de lluvia viaja bajo tierra desde las tierras altas para llegar al océano. Floreana tiene una fuente de agua natural muy limitada de un manantial natural en sus tierras altas. Los habitantes de San Cristóbal aprovechan el agua de un lago en las alturas de la isla.

Residuos

No hay suficientes vertederos para los residuos producidos en las islas. La mayor parte los genera la industria turística. Los desechos tienden a quemarse, lo que libera veneno en el aire y el agua. Algunos desechos también se vierten ilegalmente, lo que atrae ratas y moscas.

Hormigas de fuego

Estas feroces hormigas del continente sudamericano atacan en grupos. Matan pequeños reptiles nativos y aves con sus picaduras venenosas y luego se comen los restos. Las hormigas también atacan a las tortugas picándolas en los ojos.

Gatos

Los gatos, que llegaron con los primeros pobladores en 1832, cazan principalmente de noche. Matan muchas aves y lagartijas nativas. Se está tratando de erradicar a los gatos salvajes en las islas con comida envenenada.

Daños humanos

Las plantas y los animales que viven en las islas Galápagos han evolucionado para vivir juntos. Cuando llegaron los seres humanos, alteraron el equilibrio de la naturaleza.

Los colonos llevaron animales y plantas de otras partes del mundo. Estas especies no nativas escaparon del cautiverio y comenzaron a vivir de forma salvaje en los hábitats de las islas. La mayoría de estas especies podían prosperar en su nuevo hogar, pero solo destruyendo la vida silvestre nativa y ocupando su lugar. Se trabaja para eliminar las especies invasoras y devolver las Galápagos a su antigua gloria natural.

Cabras

En 1813, la tripulación de un buque de guerra estadounidense dejó cuatro cabras en la isla de Santiago. Estas se reprodujeron hasta convertirse en muchos miles, y dejaron a las tortugas sin comida. Los proyectos de erradicación han eliminado todas las cabras en Santiago y en muchas otras islas.

Fruta indeseada

Los árboles de guayaba y otras plantas útiles, como la zarzamora y los quinos, se han extendido a los bosques húmedos, reemplazando a las plantas nativas.

Roedores

Las ratas y los ratones invasores llegaron a las islas con los barcos. Las ratas son un problema especial, ya que comen huevos y crías de reptiles y pájaros. Durante 50 años, ninguna cría de tortuga gigante sobrevivió en la isla de Pinzón, hasta que finalmente las ratas negras fueron eliminadas en 2018.

Caballos y burros

El campo de prisioneros de Floreana usaba caballos y burros como animales de trabajo en el siglo XIX. Cuando la prisión cerró, el gobernador llevó los animales a las otras islas grandes.

Poblaciones en crecimiento

Los asentamientos de las Galápagos están cada vez más poblados y son más grandes. Las canteras de las islas crecen para satisfacer la demanda de ladrillos para construcción. Las granjas locales no pueden producir suficiente alimento para todos los habitantes, y todos los días llegan miles de cajas de alimentos y bebidas por aire y mar.

Cerdos salvajes

Los cerdos fueron llevados a las islas por los colonos ecuatorianos cuando establecieron granjas. Estos animales destruían los nidos de tortugas y pájaros. En 2006, los cerdos salvajes habían sido eliminados de varias islas.

Perros salvajes

Los descendientes de los perros domésticos abandonados por los primeros colonos han causado estragos entre iguanas y aves marinas, incluidos los pingüinos.

Rana de lluvia

La rana de lluvia polizona (*Scinax quinquefasciatus*), originaria de los bosques secos de Ecuador, llegó a las islas en 1998. Desde entonces, se ha extendido por las frondosas zonas de matorrales y no se ha encontrado forma de detenerla.

Daños oceánicos

El combustible diésel se lleva a las islas en petroleros. Siempre existe el peligro de que un petrolero derrame su carga y el combustible dañe la frágil vida marina alrededor de las islas. La última vez que esto sucedió fue en 2019.

Proteger las islas

Mantener protegidos los hábitats naturales y la vida salvaje de las Galápagos es una tarea enorme.

Los conservacionistas llevan casi 60 años trabajando en las islas. Ha sido un lento progreso, pero el daño causado por los primeros colonos se está reparando gradualmente. Los equipos de conservación han tenido que idear algunos planes inusuales para lograrlo, como la eliminación masiva de animales invasores, el uso de control biológico mediante depredadores introducidos para terminar con plagas problemáticas y la cría en cautiverio de las especies en peligro de extinción de las islas.

Estación Científica Charles Darwin

Esta es la sede de investigación científica y conservación de las islas Galápagos. La estación está ubicada en terrenos del Parque Nacional que limitan con Puerto Ayora, en la isla de Santa Cruz. La estación científica cuenta con equipos de conservacionistas que trabajan en todas las islas y en el mar. Están allí para dar con las mejores formas de proteger la vida salvaje en el Parque Nacional de las Galápagos y en la Reserva Marina de las Galápagos.

Cabras Judas

Las cabras salvajes eran un gran problema, pues se reproducen muy rápido, destruyen los bosques y dejan a los herbívoros nativos sin comida. Para resolverlo, se utilizaron «cabras Judas» en las islas de Isabela y de Santiago entre 1997 y 2006 para descubrir la ubicación de los manadas de cabras. (Judas es un famoso traidor de la Biblia). Se capturaba una cabra, se le colocaba un collar con un emisor de radio y se la soltaba. Los conservacionistas seguían a la cabra Judas hasta que encontraba su manada. Luego, expertos tiradores llegaban en helicóptero y mataban a todas las cabras, excepto a la cabra Judas, que se quedaba para encontrar otra manada. Desde 1997, más de 200 000 cabras salvajes fueron sacrificadas de esta manera.

Cuando atrapaban a las cabras Judas y les colocaban collares de radio, también las esterilizaban para evitar que se reprodujeran.

Las moscas vampiro ponen sus huevos en nidos de pájaros. De ellos salen larvas.

Control biológico

Los insectos son las especies invasoras más difíciles de combatir. Los conservacionistas están recurriendo al control biológico, mediante el que se introduce otra especie para terminar con una plaga. Las larvas de una mosca vampiro invasora están matando a muchos polluelos de aves en las Galápagos. En 2018, los investigadores comenzaron a investigar una pequeña avispa de Ecuador continental, conocida solo por su nombre científico: *Conura annulifera*. Esta avispa es una asesina especializada en esta mosca, y si encuentra una, ¡la mosca no sobrevive!

Avispa adulta

Una vez que la larva ha crecido por completo, se transforma en una avispa adulta dentro de la pupa de mosca. Luego sale y se va volando en busca de una pareja y de más pupas de mosca vampiro para atacar.

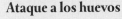

Ataque a los huevos

Cuando la larva se convierte en pupa —etapa inactiva antes de la edad adulta—, la pequeña avispa ataca. Perfora el envoltorio de la pupa con su puntiagudo ovopositor y pone un huevo.

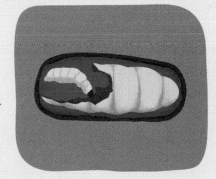

Guardería viviente

La larva de la avispa sale del huevo y comienza a comerse la pupa de la mosca. A medida que la larva mastica, se hace más grande.

Criar de nuevo

Las tortugas gigantes más amenazadas están siendo criadas en cautiverio. Este es el lugar más seguro para ellas hasta que sus islas de origen estén libres de depredadores invasivos y competidores. En Española se liberaron tortugas criadas en cautiverio. El programa tuvo tanto éxito que se cerró en 2020 y los adultos reproductores originales regresaron a casa.

El 90 por ciento de las especies de reptiles de las Galápagos son exclusivas de las islas.

Ecoturismo

Para salvar el esplendor natural de las Galápagos para las generaciones futuras, las islas necesitan dinero, y mucho.

Una forma de conseguir dinero es a través del turismo, y hay miles de personas dispuestas a pagar para visitar estas maravillosas islas. Sin embargo, demasiados turistas podrían dañar sus frágiles hábitats. Una forma de solucionar este problema es el ecoturismo. Este tipo de turismo permite a los visitantes disfrutar de las maravillas naturales de las Galápagos de una manera segura y responsable, mientras que el dinero que gastan ayuda a proteger las islas y mejora la vida de la población local.

En 1978, las islas Galápagos fueron declaradas Patrimonio de la Humanidad.

Caminatas guiadas

Los turistas no pueden explorar solos el Parque Nacional de las Galápagos, las áreas protegidas de las islas. Deben unirse a un recorrido dirigido por un guía experto, que puede explicar todo lo que los visitantes necesitan saber sobre las islas y su vida silvestre.

Dormir en el barco

Muchos visitantes no pasan la noche en tierra, sino que duermen en barcos que navegan alrededor de las islas y exploran cada día nuevos lugares. Una alternativa menos cara es hospedarse en hoteles de las islas y explorar desde allí.

Safari acuático

La mejor manera de ver muchas de las maravillas naturales de las Galápagos es en barco. Los turistas pueden nadar junto a los peces y los lobos marinos y ver iguanas marinas y aves marinas en lugares de difícil acceso por tierra.

Un lugar valioso

A todas las personas de las Galápagos, residentes y turistas, se les enseña por qué las islas son tan asombrosas. Aprender cosas sobre este lugar único hace que la gente quiera trabajar para protegerlo.

Bioseguridad

Para evitar la propagación de especies invasoras, existen reglas estrictas acerca de llevar alimentos, plantas, animales y tierra a las islas. A los investigadores se les pide que no coman tomates, guayabas ni maracuyás antes de visitar algunas islas ¡para evitar que queden semillas en sus heces!

Glosario

acuático
que vive en el agua

adaptación
forma en que un animal o una planta se adapta mejor a su hábitat

ADN
abreviatura de ácido desoxirribonucleico; es una sustancia química compleja que contiene instrucciones codificadas, o genes, para que los seres vivos crezcan, se desarrollen y se mantengan. Diferentes especies tienen diferentes genes

agricultura
cultivar la tierra y criar ganado para la alimentación

algas
formas de vida parecidas a plantas que se encuentran en el agua o cerca de ella

altitud
altura de un objeto, ser vivo o lugar sobre el nivel del mar

ancestro
animal o planta de la que desciende un animal o planta más reciente

anfibio
clase de animales que incluye las ranas y los tritones. Los anfibios pasan parte de su vida en el agua y parte en tierra

apareamiento
cuando dos animales se unen para crear descendencia

archipiélago
grupo de islas

camuflaje
colores o patrones en la piel, el pelaje o las plumas de un animal que lo ayudan a confundirse con su entorno

carroñero
animal que busca y come restos de otros animales muertos

cetáceo
orden de mamíferos marinos en el que se incluyen las ballenas y los delfines

clima
ciclos de condiciones atmosféricas en un área en particular

colonia
grupo grande de animales que viven juntos

colonizar
dominar un territorio

conservación
proteger los hábitats y la vida salvaje

conservacionista
persona que trabaja en la conservación

continente
una de las siete grandes áreas de tierra en que se divide el mundo: África, la Antártida, Asia, Europa, América del Norte, Oceanía y América del Sur

contracorriente
corriente que fluye en dirección opuesta a otra corriente

coral
animal marino de cuerpo blando que construye una dura estructura protectora de carbonato de calcio; pueden formar parte de un arrecife de coral más grande

corriente
flujo de agua; hay muchas corrientes moviéndose a través de los océanos

cráter
depresión en forma de cuenco, que normalmente se encuentra cerca de la cima de un volcán

criar
cuando los animales se aparean para producir descendencia

cruzamiento
cuando un animal o una planta se reproduce con otro animal o planta que no está estrechamente emparentado

depredador
animal que se alimenta de otros animales

ecolocalización
sistema que utiliza sonidos para conocer el entorno, usado por animales como los delfines

El Niño
patrón climático que tiene lugar cada pocos años en el océano Pacífico. Hace que las islas Galápagos se vuelvan más secas

erosión
proceso mediante el cual la roca o el suelo se desgastan y son eliminados por el agua y el viento

espécimen
animal o planta que ha sido recolectado como registro de su especie

evolución
proceso mediante el cual los seres vivos cambian gradualmente durante generaciones para adaptarse mejor a un entorno cambiante

galapagueños
habitantes de las islas Galápagos

germinado
brote de una semilla

giro
sistema de corrientes oceánicas que dan vueltas

hábitat
lugar donde vive una comunidad de plantas o animales

insectívoro
animal que come insectos

invasor
término utilizado para describir especies no autóctonas que se introducen en una nueva área y se propagan rápidamente. A menudo son difíciles de eliminar

lava
roca caliente y fundida que sale de un volcán

larva
forma juvenil de muchos animales, especialmente insectos y anfibios

límite
punto en el que termina un área y comienza otra

manglar
plantas grandes y arbóreas que crecen en la orilla sobre agua de mar poco profunda

marino
relacionado con mares y océanos

naturalista
persona que estudia la vida salvaje y el mundo natural

placa tectónica
placas rocosas gigantes que forman la corteza terrestre

presa
animal que es comido por un depredador como alimento

punto caliente
lugar en medio de una placa tectónica donde las columnas de magma del manto se elevan a través de la corteza y crean un volcán

pupa
etapa de reposo en el ciclo de vida de un insecto, en la que una larva se convierte en un adulto

reptil
animal de sangre fría que tiene el cuerpo cubierto de escamas duras e impermeables

sangre fría
término que se aplica a un animal con una temperatura corporal que asciende y desciende para igualarse con la temperatura circundante del aire o del agua

surgencia
aguas oceánicas que suben a la superficie desde las profundidades, a menudo ricas en nutrientes

Índice

Autor Tom Jackson
Prólogo Steve Backshall
Ilustración Chervelle Fryer

Consultores
Animales Derek Harvey
Vivir y conservar Roslyn Cameron
Plantas Mike Grant
Geología Dorrik Stow

Adquisición editorial Fay Evans
Edición sénior Carrie Love
Diseño sénior Elle Ward
Edición del proyecto de arte
Charlotte Milner, Charlotte Bull
Ilustración de diagramas Peter Bull
Edición Jolyon Goddard,
Abi Luscombe
Diseño de cubierta Elle Ward
Gestión de ediciones especiales
Issy Walsh
Diseño de maquetación Ashok Kumar
Documentación gráfica Laura Barwick,
Rituraj Singh
Edición de producción Abi Maxwell
Control de producción Magdalena Bojko
Edición ejecutiva Penny Smith
Subdirección de arte Mabel Chan
Dirección de publicaciones Sarah Larter

De la edición en español:
Coordinación editorial
Cristina Gómez de las Cortinas
Asistencia editorial y producción
Malwina Zagawa

Servicios editoriales Tinta Simpàtica
Traducción Ismael Belda

Publicado originalmente en Gran Bretaña
en 2022 por Dorling Kindersley Limited
DK, One Embassy Gardens, 8 Viaduct Gardens,
Londres, SW11 7BW
Parte de Penguin Random House

El representante autorizado en el EEE es
Dorling Kindersley Verlag GmbH. Arnulfstr. 124,
80636 Múnich, Alemania

Copyright de las ilustraciones en color:
© 2022 Chervelle Fryer
Copyright del texto y del diseño:
© 2022 Dorling Kindersley Limited
© Traducción española: 2023 Dorling Kindersley
Limited

Título original: *Galápagos*
Primera edición: 2023

Créditos de las imágenes
Los editores quieren agradecer a los siguientes el permiso
para reproducir fotografías: (Clave: a, arriba; b, bajo/debajo;
c, centro; d, derecha; e, extremo; i, izquierda; s, superior)

Roving Tortoise Photos: Tui De Roy: 1, 4-5, 6-7, 14-15, 17 (sd),
19 (sd), 26 (cia) (bc), 27 (cb) (bc), 30-31, 32 (si) (sd), 36 (bi), 36-7,
37 (bd), 39 (bi), 43 (sd) (cd), (bd), 50-51, 52 (bd), 56-57, 58 (bi),
60 (b), 62-63, 63 (cda), 64 (cl), 64-65, 66-67, 70 (bi), 71 (si), 76
(si), 77 (sd), 80-81, 82-83, 89 (cda) (cib), 90-91, 93 (cda), 94-95,
98-99, 101 (sd), 104 (bd), 105 (sc) (cdb), 111 (si), 116-117, 117
(cd), 118 (si), 119 (ci) (bc) (bd)

8 Dorling Kindersley: 123RF.com: Keith Levit / keithlevit (sd).
9 Alamy Stock Photo: Imagebroker (ecia); John Warburton-Lee
Photography (sc) ; Imagebroker (si). **Dorling Kindersley:**
Dreamstime.com: Marktucan (sd); iStock: Grafissimo (cda).
Dreamstime.com: Danflcreativo (ca); Martinmark (esi).
Shutterstock.com: NaturesMomentsuk (cia). **11 Alamy Stock
Photo:** The Natural History Museum (cd). **15 Alamy Stock
Photo:** Amar e Isabelle Guillen - Guillen Photo LLC (cd); Nature
Picture Library (sd). **16 Alamy Stock Photo:** Craig Lovell / Eagle
Visions Photography (cd); peace portal photo (si); Doug
Perrine (sd). **Dreamstimecom:** Christopher Bellette (bd).
Shutterstock.com: Yvonne Baur (bi). **SuperStock:** Antoni
Agelet/Biosphoto (ci). **17 Alamy Stock Photo:** Rosanne
Tackaberry (cib). **Dreamstime.com:** Steve Allen (cd); Jesse
Kraft (bi). **Getty Images / iStock:** Goddard_Photography (bd);
Paul Vowles (cia); NNehring (bc). **SuperStock:** Gregory Guida /
Biosphoto (si). **19 Getty Images / iStock:** LuffyKun (si).
21 Dorling Kindersley: 123RF.com: Anan Kaewkhammul /
anankkml (bc); Dreamstime.com: Mgkuijpers (cdb). **22-23
Alamy Stock Photo:** Daniele Falletta (s); Nature Picture Library
(b). **23 123RF.com:** juangaertner (sd). **Alamy Stock Photo:**
Galapagos (bd). **25 123RF.com:** tonaquatic19 (sd). **Alamy Stock
Photo:** Classic Image (cd); PhotoStock-Israel (bd). **27 Alamy
Stock Photo:** Wolfgang Kaehler (cia). **28 Dreamstime.
com:** Martinmark (sd). **32-33 Tropical Herping:** Frank Pichardo.
33 Dreamstimecom: Donyanedomam (si). **naturepl.com:** Paul
D. Stewart (sd). **34-35 naturepl.com:** Tui De Roy / Minden
Pictures. **37 Alamy Stock Photo:** Westend61 GmbH (si).
38 Dreamstime.com: Andrey Gudkov (sd). **naturepl.com:**
Maxime Aliaga. **41 naturepl.com:** Ben Hall (si). **42-43 Tropical
Herping:** Alejandro Arteaga. **44-45 Alamy Stock Photo:**
Imagebroker. **45 Shutterstock.com:** Joel Bauchat Grant (cdb).
48 Alamy Stock Photo: Rolf Richardson. **49 Galapagos
Conservancy:** Diego Bermeo. **52 Dreamstime.com:** Roberto
Dani (bi). **53 Alamy Stock Photo:** Imagebroker (bi); John Trevor
Platt (ca); PhotoStock-Israel (bd). **55 naturepl.com:** Ole Jorgen
Liodden (sd). **57 Alamy Stock Photo:** Minden Pictures (sc).
58 Alamy Stock Photo: Steve Bloom Images (bd); WorldFoto
(cda). **Getty Images / iStock:** mantaphoto (si). **59 Alamy Stock
Photo:** AGAMI Photo Agency (sc); blickwinkel (si); John Holmes
(sd); blickwinkel (ca). **Getty Images:** Sharif Uddin / 500px (c);
Nadine Lucas / EyeEm (bd). **61 Getty Images:** Sergio Amiti (c).
65 Alamy Stock Photo: Nature Picture Library (cdb). **Getty
Images:** Keith Levit (cda). **67 naturepl.com:** Pete Oxford /
Minden (cb). **69 Alamy Stock Photo:** Sue Anderson (si).
70 Alamy Stock Photo: David Fleetham (bd). **71 naturepl.
com:** Pete Oxford / Minden (c). **72-73 naturepl.com:** Ralph Pace
/ Minden. **74-75 naturepl.com:** Alex Mustard (s). **74 Alamy
Stock Photo:** Reinhard Dirscherl (sd); Science History Images
(si). **75 Alamy Stock Photo:** Minden Pictures (si). **naturepl.
com:** Shane Goss (sd). **76-77 Alamy Stock Photo:** James
Stone. **79 Alamy Stock Photo:** Cultura Creative RF (bc). **80
Roger Hooper Photography:** (si). **naturepl.com:** Alex Mustard
(bd). **82 Dreamstime.com:** Gerald D. Tang (si). **83 Alamy Stock
Photo:** Don Mennig (bc). **Getty Images:** Stuart Westmorland
(si). **85 naturepl.com:** Brandon Cole (sd). **88 Dreamstime.
com:** Burt Johnson (bd). **89 naturepl.com:** Brandon Cole (c).
Roving Tortoise Photos: Mark Jones (si). **92 Alamy Stock
Photo:** Hemis (si). **Dreamstime.com:** Rui Baião (bd); Angela
Perryman (bi). **93 Alamy Stock Photo:** Wolfgang Kaehler (bi);
Roland Knauer (bd). **95 Alamy Stock Photo:** Danita Delimont
(cd). **97 Dreamstime.com:** Andrey Gudkov (cia). **98 Alamy
Stock Photo:** Andrew Linscott (ca). **100 Alamy Stock
Photo:** Minden Pictures (sd). **105 Shutterstock.com:** Andreas
Wolochow (sd). **106 123RF.com:** wagnercampelo (cd). **Alamy
Stock Photo:** Ashley Cooper pics (bi); Zoonar GmbH (sd);
yomama (ci). **107 Alamy Stock Photo:** BIOSPHOTO (bi);
MichaelGrantPlants (si). **108-109 Alamy Stock Photo:** Michael
S. Nolan. **110 Alamy Stock Photo:** GRANGER (sd); Oldtime (si).
111 Alamy Stock Photo: Wolfgang Kaehler (b). **Getty Images /
iStock:** todamo (sd). **113 Getty Images:** Michael Melford (si).
114 Dreamstime.com: Marktucan (ci). **117 Alamy Stock Photo:**
Cannon Photography LLC (sd). **Depositphotos Inc:** sunsinger
(bd). **118 Alamy Stock Photo:** Minden Pictures (sd); Krystyna
Szulecka (cd); Minden Pictures (bi). **Getty Images / iStock:**
Samuel Howell (ci). **Shutterstock.com:** Malcolm Schuyl / Flpa /
imageBROKER (bd). **119 Alamy Stock Photo:** FLPA (cd).
Dreamstime.com: Danflcreativo (sd). **Getty Images:** Martin
Bernetti / Stringer (bi). **Shutterstock.com:** RHIMAGE (bi).
120 Dreamstime.com: Donyanedomam (sd). **121 naturepl.com:**
Tim Laman (bi). **122-123 Alamy Stock Photo:** robertharding

Imágenes de la cubierta: *Cubierta frontal:* **Roving Tortoise
Fotos:** Tui De Roy

Resto de las imágenes © Dorling Kindersley

DK quiere agradecer:
a Helen Peters por preparar el índice y a
Caroline Stamps por la revisión del texto.
Un agradecimiento especial para todos los
colaboradores que han ayudado a hacer
posible esta edición.

Autor: Tom Jackson
es un destacado escritor de historia natural
afincado en el Reino Unido. Ha participado
en más de 60 libros en calidad de autor o
de colaborador.

Prólogo: Steve Backshall
es un naturalista, explorador, presentador
y escritor británico que conoce bien las
Galápagos, donde ha pasado mucho tiempo.

Ilustración: Chervelle Fryer
es una ilustradora de Cardiff, la capital de
Gales. Se inspira en la flora, la fauna y los
trazos de estilo tradicional.

Fotografía: Tui De Roy
es una galardonada fotógrafa de la vida
salvaje, naturalista y autora de muchos
libros sobre temas de la vida salvaje en todo
el mundo. Reparte su tiempo entre las islas
Galápagos y Nueva Zelanda.

Consultor, animales: Derek Harvey
es un naturalista licenciado en zoología por
la Universidad de Liverpool que ha escrito
libros sobre historia natural y ciencia.

Consultor, geología: Dorrik Stow
es geólogo y oceanógrafo, y un prolífico
autor de obras científicas. Es profesor
emérito de la Universidad de Heriot-Watt,
y profesor de la Universidad de Ciencias
Geológicas de Wuhan, en China.

Consultor, plantas: Mike Grant
es botánico y horticultor, y trabaja como
editor en la Royal Horticultural Society.

**Consultora, antropología:
Roslyn Cameron**
reside desde hace años en las Galápagos
y trabajó como educadora antes de asumir
un papel más destacado en el campo de
la conservación.